文史哲學術叢刊

姬秀珠著

明初大儒方孝孺研究

文史哲出版社印行

文史哲學術叢刊 ④

明初大儒方孝孺研究

著 者：姬 秀 珠
出 版 者：文 史 哲 出 版 社
登記證字號：行政院新聞局局版臺業字〇七五五號
發 行 所：文 史 哲 出 版 社
印 刷 者：文 史 哲 出 版 社
台北市羅斯福路一段七十二巷四號
郵撥〇五一二八八一二彭正雄帳戶
電話：三 五 一 一 〇 二 八
實價新台幣三四〇元
中華民國八十年四月初版

ISBN 957-547-031-1

方孝孺像

方孝孺畫像
（吳承硯教授繪　華岡博物館藏）

方孝孺先生墨寶

白也詩無敵飄然思不群清新庾
開府俊逸鮑參軍渭北春天樹江
東日暮雲何時一樽酒重與細論
文
建文二年暮春方孝孺書

建文元年給方孝孺
專用的「朝參牌」影本

明方正學先生之墓

默庵記

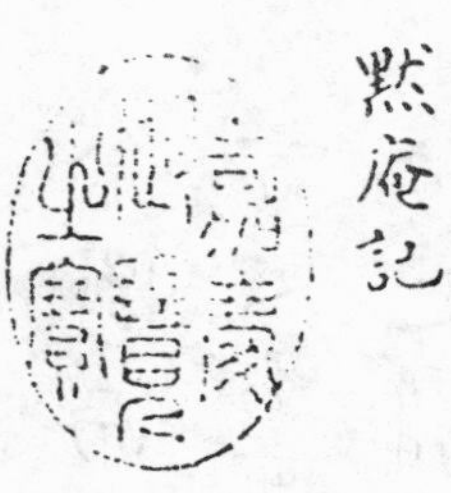

默庵記

會稽俞先生年富氣盛時嘗以驚世絕俗之智懸河決峽之辯為當時所推既晚更事益深奉

朝命為學者師於東南小邑乃喜為簡默歸其燕處之室曰默庵其弟子聞而疑之曰先生之為斯號也

不亡異乎人之達其志意明天下之理而成物化民者
以其能言也故教令不宣于家則親愛疎辭命不脩
于鄉則長幼乖軍旅不言則無以用衆賓客不言則
無以成禮居乎朝廷為大臣而好循默則難以定國
計和民人為諫官近職而不務言事則有曠官竊位
之譏先生為人師以教民善俗為職業封域之內有
細行之違片言之悖先生恥之烏可以默自處乎哉
余聞而咲曰是知默之為默而不知默之非默也知
言之不可已而不知非默則不能為言也予嘗見夫萬
仞之淵乎方其靜也沈犇涵畜不震不激泊乎無

聲沓乎莫測惟其積之久而不妄出也故一旦決而為川達乎江河聲之所撼聞數百里使其不深而終日汩如溪濆潤潦之為則不崇朝而涸矣安能澤加萬類乎故士非能言之為貴而發於不得不言之為美。道充於中不得已而後言則其言必傳無意於辨不得已而後辨則其辨必明昔者孔子之門以言語稱者有矣惟顏子不言如愚人然由後世考之凡顏子之言皆可為天下準與聖人之言相表裏而宰予子貢發言立論輒多疵而不適乎中豈非好辨者未必能言而善言者必本於默乎先生閱乎事變多矣求乎義理精矣知夫無益之辨之不足務蓋將即顏子而師之而今而後先生之道益隆矣立乎朝則發而為正論垂乎後則揭而為大訓皆有道者之餘事也。先生之默烏知非言聖之者乎二三子何患焉於是疑者謝曰子之言佀矣請質諸先生置之座辟以祛弟子之惑。

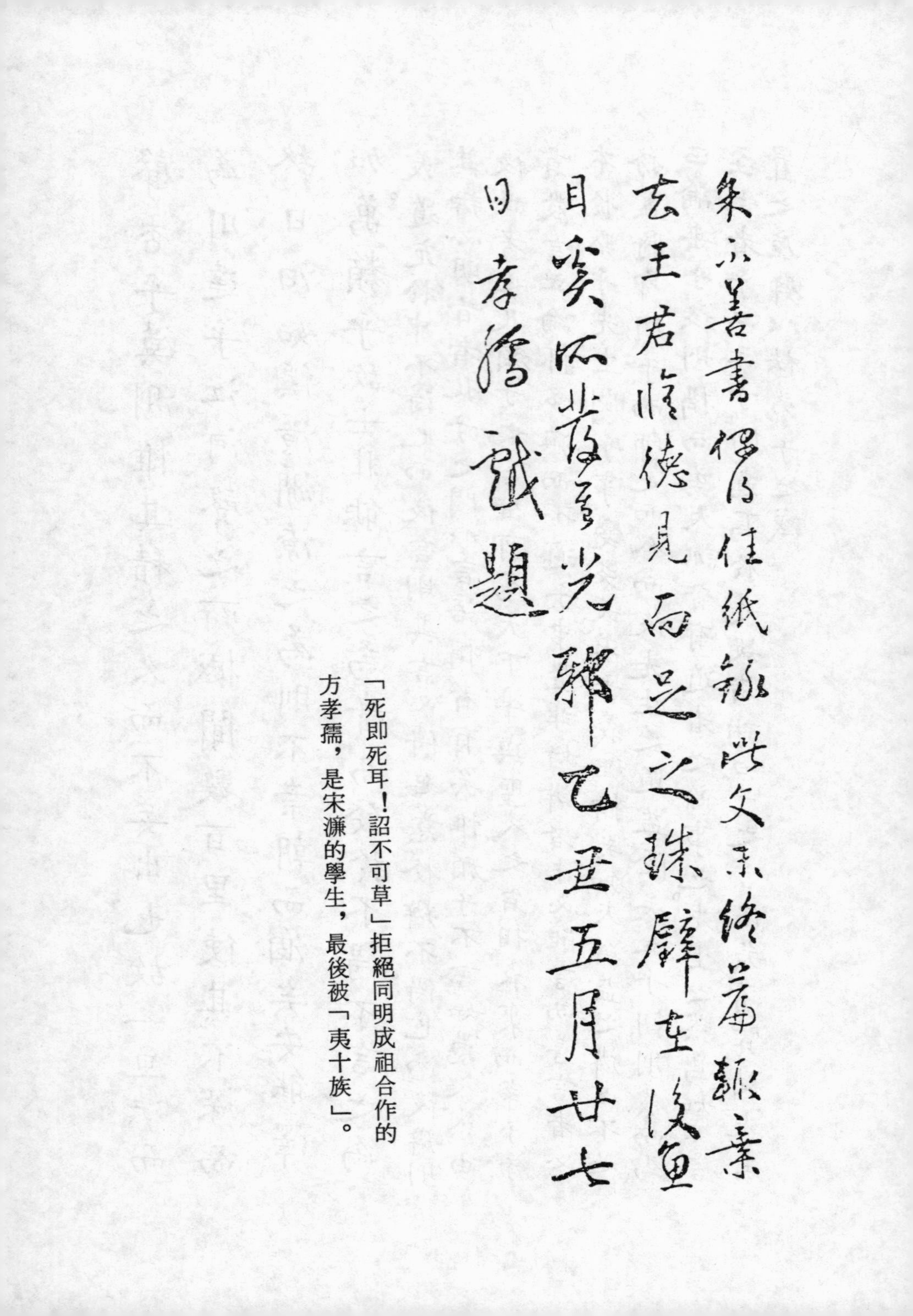

「死即死耳！詔不可草」拒絕同明成祖合作的方孝孺，是宋濂的學生，最後被「夷十族」。

序

方孝孺是個具備大智、大仁、大勇的思想家。他畢生致力於儒家傳統精神的發揚與實踐，又不遺餘力地宣揚三代之治及揭櫫孔孟之教。揆諸其目的，無非是想要竭力喚起主政者施行仁義之治，使百姓注重倫理道德，養成人人都能堅守固有文化，負起社會責任的道統。

自從西風東漸以來，我中華兒女沈浸在經濟富裕與功利競逐的社會型態中，將家庭倫理、社會道德、民族正氣等傳統固有文化，視爲「落伍」的代名詞而拋諸腦後，棄置不顧。爲了使青年後進能眞正體會出所謂「傳統文化」，實際上就是人人切身需要的精神文明，也正是我們爲人處世中「進可攻、退可守」的思想依據，以及行爲規範的尺度。基於這個理念，激發了我撰寫本篇論文的動力。這篇論文最主要的目的是表彰方孝孺一生行事和學術思想的成就，藉此給大家一個省思的空間，一方面使讀過方孝孺可歌可泣史實的人們，能具有行爲典型，做爲效法的對象；另一方面也打算使瞭解方孝孺不屈不撓氣節的人們，能奮發有爲，爲固有文化再添入一股生力軍。

我們謹在此，試舉一些例子來說明方孝孺思想的精髓，或可供大家參考。方孝孺說：

> 事親而祇順無違，固孝也。推以事君，誠敬而不欺，仁恕而有容，先國家之政，而忘乎私，惟生民社稷是利，而不顧乎己，此尤孝之大者也。故知孝親乃可以事君，能忠於君，然後謂之大孝，而忠與孝非二致也。（註一）

從孝孺對「忠」、「孝」兩義的詮釋，就可以知道他是一位名實相副的忠臣孝子。他主張先盡「尊親、無違」的人子之孝，繼而做個「誠敬不欺」的人臣之忠，再推己及人，達成「惟生民社稷是利」，忘我無私的大孝，這也是《孟子．萬章篇》所說：「孝子之至，莫大乎尊親，尊親之至，莫大乎以天下養。」的最佳詮釋。方氏又說：

> 賢者非以位而貴也，道施於人，被其澤者衆，故其譽聞益賢也。（註二）

他認爲値得被推崇的人，是那些以道義、德惠廣施在百姓身上的人物。他主張以三代之治爲目標，強調爲學在致用、力行，他說：

> 古學務實，體立用隨，始諸身心，驗於設施。王者之學，以古爲師，窮理正心，固守勇爲。法堯爲仁，法舜爲孝，視民如傷，文王是效，簡册所陳，善政嘉猶，取之自治，奚假外求？（註三）

他呼籲人們要重視固有文化道統，培養氣節，恢復傳統精神，才是當前最重要的課題。他說：

> 今之爲士者，不患其無才，而患其無氣；不患其無氣，而患其不知道。道，譬之源也；氣，譬之水也；才，譬之能載也。蓋有無其源而不能爲水者矣，未有水旣盈而不載者也。（註四）

孝孺生於兵燹甫定，苛政未除，天災人禍交迭而起的元末明初，早已飽嘗患難，歷經疾苦，於是立志以經世濟民爲職志，奮然而起，續兩宋諸君子儒學之正傳，講古理，明道學，振作綱常，頂天立地，繼往開來，至大至剛的正氣，充塞於天地之間。綜觀他一生的思想和學說，都是在傳承孔、孟學說，爲傳統文化的薪傳不斷地在努力，甚至不惜捨身取義，慷慨成仁，淋漓盡致地表現出大孝、大忠、大勇的精神。他這種劍及履及，鍥而不舍的努力實踐，以及大無畏的精神，眞可謂氣壯山河，驚天地、泣鬼神，令人仰之彌高，鑽之彌堅，必能與世長存，何止不朽而已！

秀珠幼承庭訓，深知讀書、做人的重要。到了大學時代，沈潛在國學精粹之中，對於儒家思想有了基本的認識，對文化的傳承也有了扼要的概念。卒業之後，至空軍軍官學校任教，深感一個知識份子面對社會的變遷，意識到國家培訓高級軍官所需的素養，沒有一樣不需要文化的薰陶及儒學的涵茹。有感於此，於是開始著手對宋、明大儒的探索以及資料的滙集和整理。

由於資料的累積與閱讀的廣泛，慢慢地對元末明初大儒方孝孺發生了研究的興趣。於是馬不停蹄地耕耘與焚膏繼晷地灌溉，經歷四個寒暑，終於寫成這本論文。試圖利用過去的史料，重新勾勒出方孝孺的眞實面貌，好讓世人可以重新沐浴在那種從儒家文化所散發出來的光芒與和煦的溫馨之中。尤其方孝孺至大至剛的正氣，躍然紙上，照徹寰宇，正是我們目前所最迫切需要的精神力量。坦白地說，人文科學是一切社會科學、自然科學之母。然而，發揚儒家文化，重建理學精神，則是人文科學工作最重要的礎石。今天不揣鄙陋，率爾操觚，草成此文，最重要的目的是冀望世人對方孝孺愛國殉國精神的重塑，以及他那正義凜然之風骨的再造。由於才疏學淺，其中掛漏自所難免，尚祈國內大儒、海外碩彥，不吝指正，是所企禱。

中華民國七十九年中秋節姬秀珠謹序於空軍官校

註一：遜志齋集卷十七御賜訓辭記（五〇〇）。以下凡引用本書，以商務景印文淵閣四庫全書本，總一二三五册爲準，（）表頁次。

註二：遜志齋集卷十五希葺堂記（四七七）。

註三：遜志齋集卷一正學（七一）。

註四：遜志齋集卷十八題溪漁子傳後（五三四）。

明初大儒方孝孺研究　目次

序……一
第一章　緒　論……一
第一節　研究動機……一
第二節　研究材料……二
第三節　論文寫作的經過……三
第四節　論文的價值……四
第二章　方孝孺的生平事蹟及著作……七
第一節　生平與行事……七
一、前　言……七
二、求學的歷程……一二
㈠家　學……一二

㈡師　承……………………………………………………一四
三、人格與抱負……………………………………………一七
㈠孝道的體現……………………………………………一八
㈡理氣的解析……………………………………………二一
㈢安貧樂道的鴻儒………………………………………二四
㈣利民安邦的智者………………………………………二六
四、壬午殉難始末…………………………………………二七
㈠靖難之變的前因………………………………………二七
㈡靖難之役與孝孺殉國…………………………………二八
㈢方孝孺思想理念與其殉難的關係……………………三一
第二節　著作與內容………………………………………三二
一、方正學先生遜志齋集…………………………………三三
㈠國內所見之版本………………………………………三三
㈡內容提要………………………………………………三四
二、方孝孺文集及其墨蹟…………………………………三六
㈠文　集…………………………………………………三六

㈡墨蹟……三七
第三節　結語……三八
第三章　方孝孺的學術思想……四九
第一節　明初的學術環境……四九
一、復古的文化思潮……四九
㈠歷史洗禮與順應潮流……五〇
㈡帝王提倡與官方獎勵……五一
㈢學校教育與科舉制度的結合……五五
二、經世致用的文風……五八
㈠受文字獄的箝制……五九
㈡經世致用的主張……六一
㈢學古達世的特色……六三
第二節　方孝孺的學術思想……六五
一、治學態度與方法……六五
㈠治學態度……六六
㈡治學方法……七一

二、思想體系……七四
㈠以六經爲根柢……七六
㈡以孔孟爲依據……七七
㈢以理學爲模範……八六
三、文學主張……九五
㈠文統論……九五
㈡道與文……九七
第三節　結　語……一一二
第四章　方孝孺的政治思想……一二九
第一節　明代的絕對王權……一二九
一、朱元璋的心歷路程……一三〇
二、君主集權與恐怖政治……一三三
第二節　明初的政治思想家……一三七
一、劉　基……一三八
二、宋　濂……一三九
三、方孝孺……一四一

第三節　方孝孺的政治思想……一四二
一、政治理念……一四二
㈠天人合一……一四三
㈡民本思想……一四五
二、政治主張……一四八
㈠地方建設——鄉族制度……一四九
㈡社會建設——正俗與教化……一五一
三、平均地權……一五三
四、君主立憲……一五五
第四節　結　語……一五七
第五章　結　論……一六七
附錄：明初大儒方孝孺年譜稿……一七九
參考書目……二一九

第一章 緒論

第一節 研究動機

方孝孺是明初一位傑出的文學家、思想家兼政治家。他自己曾說：

學將以輔天地所不及，不然多讀書何爲？（註一）

這是身爲一個文學家和政治家的抱負與理想的具體宣示。同時，他也是一位重要的思想家。他說：

有得乎道者，內不汨於利欲，外不嬰於世故。……視天地猶一室，視百世猶一朝，視其身同乎萬物，而萬物莫能與之偕，夫是之謂至人。（註二）

如今讀他的文章，可以想見他的爲人。

方孝孺性情純孝恭謹，他認爲父母的恩情可比山高海深，「孝」不僅是口體之養，最重要的是在於「大孝顯父母」的積極意義。他生平志氣磊落，學術醇正，續宋諸君子提倡恢復三代、周公、孔子聖賢之道，而建立一代綱常，成爲理學巨擘。

靖難禍起，明成祖「非先生文不可詔天下」（註三），孝孺衰絰慟哀，投筆擲地，視死如歸，百折不改他的志節；成祖一怒誅盡孝孺友黨交屬等十族，共計千餘人，並嚴禁他的文墨。但是，百年之後遜志齋集又重梓昭世，誠應驗了所謂「忠臣必報，聖學必傳」（註四）的道理。胡適之先生說：

> 明成祖殺了方孝孺，滅十族，甚至對留有片紙隻字的也有罪。成祖那樣摧殘言論自由，但方孝孺的書在死了一百年後，又都出來了。而且他死了百年之後，王陽明學派的誕生，學術思想的自由與平等，又延續下去了。（註五）

四庫全書總目提要說：

> 文以人重，則斯集（珠案：指遜志齋集）固懸諸日月，不可磨滅之書也。（註六）

方孝孺忠孝節義的事蹟，以及他繼承儒家學術思想的眞傳，發揚孔孟思想，而又有卓見偉論，維風澤世。像這樣一個醇正不阿的學者，正是今日國家、社會不可缺少的模範。

第二節　研究材料

方孝孺善長寫作，明史記載：

> 孝孺工文章，醇深雄邁，每一篇出，海內爭相傳誦。（註七）

壬午殉國後，成祖下令，凡是私藏方孝孺文章的人，一律定爲死罪。他的學生王稌，偷偷將他的遺稿彙集成侯城集，這本集子一直到明宣德皇帝的時候，才慢慢地流傳開來。遜志齋集最初的版本一共三十卷，其中包含拾遺十卷，是明黃孔昭、謝鐸所輯編，目前台灣公藏書目中，已找不到這套三十卷的本子，惟獨在北京圖書館古籍善本書目中有之，是明成化十六年郭紳的刻本，有盛昱、楊晨跋的記，分裝成十冊，它是十行，行二十二字，黑口，四週雙邊的木刻板。

今天全面研究方孝孺專輯的學者不多，大部分只偏重在研究他的政治思想方面，又多爲單篇論文。所以，想要整體的了解他思想體系、生平事蹟等方面的相關資料，也就比較缺乏。

在大學時修過一門「研究方法與指導」的課程，是由現任中央圖書館編纂張錦郎老師授課；因爲有關方孝孺的研究資料收集不易，又必須南北奔波，其間蒙恩師再次指導研究方法與資料的收集，才能更進一步在各圖書室、漢學資料中心、善本書室等尋找到方孝孺「方寸之紙，數行之墨」的寶貴資料；又承蒙台灣大學圖書館閱覽組主任王民信先生的熱心幫助，才能一睹方正學先生遜志齋集等珍貴史料，使後學獲益匪淺，不勝感激。

第三節　論文寫作的經過

經過一年多的資料蒐集、整理後，開始閱讀、圈點並製作卡片來歸納孝孺論文思想的類別，在同時不斷與本系黃國安教授討論寫作題綱，進而研究各家學者對方孝孺思想的分析。

在動筆寫論文之前，先以明盧演、翁明英共同編輯的年譜爲主，編寫成明初大儒方孝孺年譜稿一文，再將各項事蹟發生的年代，逐一加以考證，並查證資料出處，將疑誤的部分加以註解。其後依序撰寫方孝孺的生平事蹟及其著作，方孝孺的學術思想研究，方孝孺的政治思想研究等等有關內容。

在論文寫作的過程中，最要感謝的是師範大學邱德修教授，在撰寫之初，他以無比的耐心，對本書的文稿，提出各種建議和指正。每經他修正過後的內容，就像穿上了一件新衣，又有了嶄新的面貌；似毛毛蟲蛻變成彩蝶，令人耳目一新，而有了成就感。

第四節　論文的價值

所謂「百善孝爲先」，自古忠臣必出於孝子之門。方孝孺不但是一位忠臣孝子，他還是一位人溺己溺，人飢己飢的大思想家，這些都是由於他「性善」的人格特質和儒學的教導。又「文與人類」，孝孺的著作理明而氣昌，他在文章中展現儒家道德實踐中最基本的德行——「仁，義，禮」以及孝順父母。因爲，孝道是仁德的根本，它出於人情最自然的感情，所以孔門立教，重視學習和孝悌，以及德行對社會更進一步的價值。誠如論語子路篇說：

子貢問曰：「何如斯可謂之士矣？」子曰：「行己有恥，使於四方，不辱君命，可謂士矣。」曰：「敢問其次？」曰：「宗族稱孝焉，鄉黨稱弟焉。」（註八）

又孟子萬章篇：

孝子之至，莫大乎尊親，尊親之至，莫大乎以天下養。（註九）

也就是孟子所說的「未有仁而遺其親者也，未有義而後其君者也」（註一〇）的大孝顯親、大孝盡忠的積極意義。而孟子梁惠王篇又說：

保民而王，民歸之若水之就下。

老吾老，以及人之老。幼吾幼，以及人之幼，天下可運於掌。（註一一）

這種以民爲貴的愛民思想，就是仁德的具體實踐。而經由孝孺論文中的孝思、忠君、仁愛等思想的表現，我們可以說孝孺之學，就是孔孟之學。

研究方孝孺的人都瞭解，孝孺大義凜然的氣節，是根源於儒家思想「理氣說」的精義，讀他的遜志齋集，一如誦讀論語、孟子一般，是儒學與教化、正風俗、倡仁義的教科書；而孝孺成仁取義的殉道精神，無疑就是我國固有文化傳統精神的再現。所以，本論文研究的著眼點就是表彰他與日爭輝的氣節，以及影響他一生行事的學術思想和政治理念，這也是論文價值所在。

最後，謹以本書做爲研究方孝孺學說的起點，一方面希望保存有關方孝孺各種史料的完整性，另一方面將前人多未提及的學術思想部分，加以剖析論述，使大家因此認識他、了解他，也使後學體會到「有爲者，當如是也」的道理。

【附註】

註一　遜志齋集卷二一溪漁子傳（六一四）。以下凡引用本書，頁次以商務所印文淵閣四庫全書總一二三五冊爲準，（　）表頁碼。

註二　遜志齋集卷十六臥雲樓記（四七八）。

註三　明史卷一四一列傳二十九方孝孺（四〇一七）。以下各註，凡引用明史，皆以鼎文書局新校本明史幷附編六種的頁次爲準，（　）表頁碼。

註四　陳子龍方正學先生遜志齋集原序，清同治十二年浙江刊本。

註五　中國時報，民國五十年一月十二日，第二版。

註六　四庫全書總目提要卷一七〇，遜志齋集二十四卷。

註七　同註三。

註八　四書讀本（一七五），謝冰瑩等編，三民書局，五十九年五月。（　）表頁次。

註九　四書讀本（四一三）。

註一〇　四書讀本（二四五）。

註一一　四書讀本（二五三〜二五五）。

第二章 方孝孺的生平事蹟及著作

第一節 生平與行事

一、前言

方孝孺，字希直，一字希古，浙江省寧海縣侯城里人，生於元順帝至正十七年（一三五七年），卒於明惠帝建文四年（一四〇二年），享年四十六歲。傳說，他出生的時候，有木星墜落在家中庭院（註一）。他的父親方克勤，字去矜，號愚庵，是洪武年間的官吏，在明史循吏列傳中，記載愚庵公勤政愛民的事蹟。母親林夫人，在孝孺七歲的時候，就棄世了。

方孝孺自幼遺傳父母聰慧的天資，反應敏捷，他的眼睛炯炯有神，走起路來，不急不徐，步伐平穩，連他的父親都很驚訝他的穩重成熟，遠超過一般同齡的孩子。六歲的時候，他就模仿古人，作了一首題山水隱者的詩，已有作家的風範，詩云：

棟宇參差逼翠微，路通猶恐世人知；

等閑識得東風面，臥看白雲初起時。（註二）

十歲左右，他就已經好學不倦，心無旁騖，足不出戶地專心讀書。每天讀的書，可以堆成一吋左右的厚度，讀書每有所得，則能理趣會心，神融意暢。他自己敍述童年勤學的經過，他說：

自少惟嗜讀書，年十餘歲，輒日坐一室，不出門戶，當理趣會心，神融意暢，雖戶外鐘鼓鳴而風雨作，不復覺也。（註三）

最重要的是，這時候的孝孺，已經建立一種不爲外物所支配，而能自立自達的人生觀。他在答俞敬德二首中說：

六、七歲時，初入學讀書，見書册中載聖賢名字，或聖賢良相將形貌，即有願學之心。……年十歲餘，漸省事，見當世奔走仕宦者，不足道。以爲聖賢之學，可以自立，外至者不足爲吾輕重也，遂有慕乎道德之心。（註四）

又因爲他擅長作詩，所寫的文章已有數十篇在鄉里間傳閱流行，內容雄邁醇深，有獨到的見解，大家都誇讚他是個「小韓子。」（註五）

洪武四年，孝孺跟隨父親前往濟寧，於是有機會暢遊齊、魯的舊墟，參觀周公、孔子的廟宇庭宅，尋覓孔門七十二位弟子的遺跡，拜訪顏回所居陋巷，走遍聖賢舞雩所在。（註六）這種尋幽訪勝的經歷，正所謂「行萬里路，讀萬卷書」，帶給他很大的啓示與鼓勵，也堅定他立志爲聖賢的決心。他說：

追憶少時狂僭，甫有知識，輒欲以伊尹、周公自望，以輔明王，樹勳業自期，視管、蕭以下蔑如也（註七）。

他偏覽古籍，遇到疑難，就請教父兄，所以孝孺初學階段的啓蒙，大部分源自家庭。十八歲那年，他豪氣萬丈，作深慮論十篇（註八），論述治理國家的道理。他總結歷代興亡盛衰的經驗與教訓，主張遵循先王治理天下的德政，以仁義、禮樂教養百姓，反對嚴刑峻罰。質言之，爲政者應以道德和至誠的仁心出發，結合上天憐憫萬物的天心，化育百姓。他又作釋統三章（註九），說明應以統治者取位的正變爲依據，來區分君統「正統」和「變統」的差異，而正變的標準又在華夷之別與君臣之分；也就是孔子所強調「正名」的微言大義。由這些洋洋灑灑的文章，我們不難瞭解少年時代的方孝孺，早已不同凡響了。

洪武八年，方克勤因爲興學墾田和仁德化民的卓越政績，蒙獲明太祖召見，入朝獎諭。不久，卻被僚屬程貢誣告，貶謫江浦。（註一〇）眼看服役即將結束，卻又受到「空印案」的牽連，寃死京城。（註一一）父親蒙寃而死，兄弟倆扶柩回鄉安葬，一路上哀毀骨立，悲慟欲絕，路人都忍不住爲之鼻酸。（註一二）

在此之前，也就是孝孺十九歲那年，曾奉父命，以文章做爲見面禮，拜見太史公宋濂。宋濂非常欣賞他的才華，第一次見面就和他促膝暢談古往今來的大事，長達三個小時。父親不幸去世，守制完畢，孝孺遵父遺命，至宋濂門下受教請益。由於他天賦聰穎，加上勤奮努力到廢寢忘食的地步，使學問「日有異而月不同」（註一三），超越群倫，連前輩胡翰、蘇伯衡等都自嘆不如。宋濂不但有得天下英才而教的喜悅，還一直誇獎他是百鳥中唯一的鳳凰呢！在送方生還天台詩序文中，宋濂說：

古者重德教，非惟子弟之求師，而爲師者得一英才而訓飭之，未嘗不喜動顏色。……晚得天台方生希直，其爲人也，凝重而不遷於物，穎脫有以燭，諸理間發爲文，如水湧而山出，喧啾百鳥中，見此孤鳳凰，云胡不喜。（註一四）

他甚至還說孝孺的「才器之奇，加以歲年，吾且畏之」（註一五）。孝孺猶如一塊璞玉，在老師精雕細琢下，盡得宋老師的眞傳。在浦陽四年，他自期自勉的說：

古之聖賢君子，成大業立大功者，天必俾之，先受天下之大患，涉天下之至苦，故其志堅凝而不懾，氣充盛而不衰，智慮明而措置安，不如是，不足以成之也。（註一六）

孝孺論文主張「明道」、「立政」（註一七），而自己有心一肩擔起這個責任，既有這樣的抱負，他曾很自負的說：

周公、孔子與吾同也，可取而師也。顏子、孟子與吾同也，可取而友也。（註一八）

有人笑他狂妄，想看看他的長相，是否和古人類似？他卻幽默的說：

形貌與今人不異，但心似古人耳。（註一九）

所以，只要談到政事，他一定提出伊尹、周公的政績；談論道德，他一定列舉孔子、孟子、顏淵等聖哲的言行，做爲例證。當時，大家都說他是程頤、朱熹的再世，伊尹、周公的替身，對他非常推崇。

洪武十五年，經吳沈、揭樞的推薦，太祖在奉天門召見孝孺，因爲他舉止端莊，太祖對皇太子說

此莊士，當老其才，以輔汝。（註二〇）

遣還家。洪武十九年，孝孺正値貧病交迫，家人告訴他，家中已無米可炊，他卻笑著回答：

古人三旬九食，貧豈獨我哉！（註二一）

次年，遭仇家陷害而獲罪，全家被逮捕至京城，太祖特別開恩，將他們釋放。回家後，孝孺隱居田園，杜門著作，他專心編修家譜，著書立說，先後完成周禮考次、武王戒書注、宋史要言、大易枝辭、文統等大作。

洪武二十五年，太祖又再次召見孝孺，知道他心存教化，就任命他爲陝西漢中府學教授，並且允許他帶著妻兒一同前往。漢中落後貧瘠，孝孺粗衣糲食，兢兢業業地教授學生，他想只要使學生能夠「知操身行世之大方，孝親忠君之大節，他日或有分寸之善及乎人，庶可少塞無能之萬一了」（註二三）。蜀獻王聽說他賢能仁德，聘請他爲世子的老師，以師禮知遇孝孺，並且將他的書房賜號爲「正學」（註二二）。從此以後，大家都尊稱孝孺爲「正學先生」。

洪武三十一年，明太祖病逝，皇太孫朱允炆即位，是爲惠帝，他奉先皇遺命和大臣的推薦，召方孝孺爲翰林院侍講，並頒給他「朝參牌」。孝孺德高望重，惠帝「讀書有疑，輒使講解。臨朝奏事，臣僚面議可否，或命方孝孺就扆前批答之」（註二四）。我們從方孝孺的二月十四日書事詩中，就能瞭解他們君臣之間深厚的友誼，詩云：

風軟彤庭尙薄寒，御爐香繞玉闌干；
黃門忽報文淵閣，天子看書召講官。

又云：

斧扆臨軒几硯寒，春風和氣滿龍顏；
細聽天語揮毫久，携得香煙兩袖還。（註二五）

所以，建文年間編修太祖實錄及類要等書，孝孺都被任命爲總裁。正當孝孺「輔明王、建勳業」輔佐惠帝大力推行革新之際，靖難之役終於爆發了。

方孝孺在當時是天下公認的學術領袖，他的文章每出一篇，大家都爭相傳誦。燕王起兵後，凡是對天下的詔書、檄文等聲討、徵召之類的公文書，都是出自他的手筆。當燕兵大舉南下時，燕王的謀士姚廣孝，曾經請求燕王，他說：

城下之曰，彼必不降，幸勿殺之，殺孝孺，天下讀書種子絕矣。（註二六）

壬午六月，燕軍進駐南京，宮中起火，惠帝自焚而死，孝孺誓爲社稷而死，結果慷慨成仁，讀書種子於是滅絕矣！方孝孺一門忠烈的悲壯事蹟，在本章「壬午殉難始末」內，將詳細說明原委，茲不復重贅。

二、求學的歷程

㈠家學

方孝孺家學淵源，世代書香門第，他的曾祖父是鄉貢進士，祖父在元朝擔任鄞縣儒學教諭，祖母葉夫人也是出身名門（註二七），家中長輩都是地方上富有名望的人。父親方克勤，小的時候人稱神童，十八、九歲就已徧讀濂、洛、關、閩諸家遺作，而感慨的說：

> 爲學當如是矣。（註二八）

成年後，以周公、孔子之道，傳授禮教，而成爲當地的名儒。洪武年間，在濟寧擔任知府，爲官仁慈清廉，明史方克勤傳記載：

> 克勤爲治，以德化爲本，不喜近名，嘗曰：「近名必立威，立威必殃民，吾不忍也。」自奉簡素，一布袍十年不易，日不再肉食。太祖用法嚴，士大夫多被讁，過濟寧者，克勤輒周恤之。……濟寧人歌之曰：「孰罷我役？使君之力。孰活我黍？使君之雨。使君勿去，我民父母。」（註二九）

他的哥哥方孝聞，也是一位宅心仁厚、恭順又守禮的孝子，在方希學傳中，後人是這樣稱讚他的人品：

> 方孝聞，字希學，先生伯兄也。少有至性，年十三喪母，輒稽典禮，疏食水飲彌越三年。及父卒，斷酒肉，居宿於外。祖母亡，亦如之。每一號慟，聲盡氣極，嘔噦出血，扶而後起，於是寢成羸疾，行步傴僂，然守禮益確。親戚鄉閭，莫不稱爲孝子。平居未嘗去書，徧學五經，而邃於易，精求聖賢旨趣，繇致知而誠身，繇親睦而愛物，……先生嘗曰：「某所以粗知斯道者，非特父師之教，抑亦吾兄之訓飭也。」（註三〇）

孝孺在這種充滿仁德、禮義、孝思的家庭環境中成長，由於耳濡目染，薰陶既久，長大後自然就成爲一位對國家盡忠，對父母盡孝，知禮守法，高風亮節的大儒君子。

(二)師承

1.儒家思想

方孝孺二十歲的時候，拜宋濂爲師。宋濂是明朝開國文臣之首，以道義文章飮譽海內外，他繼承孔、孟道統，又續傳呂祖謙尊經、崇史、尙實的金華學風，論文主張宗經復古，明道致用，把文章當作宣揚倫理道德的工具。在送方生還寧海詩中，宋濂以七十一歲的高齡，語重心長的對孝孺強調「眞儒在用世」的觀念，還要他一一記在衣帶上。（註三一）這些，都說明宋濂推崇儒家積極用世的思想。宋濂一向以周公、孔子自勉，他說：

> 道德之儒，孔子是也，千萬世之所宗也。我所願則學孔子也。其道則仁、義、禮、智、信也；其倫則父子、君臣、夫婦、長幼、朋友也。其事易知且易行也，能行之則身可修也，家可齊也，國可治也，天下可平也。我所願則學孔子也。（註三二）

在這篇文章中，他直截了當的表白自己的思想，是傳承孔子的仁義道德，所以他教導學生也是以五常之德，配合五倫的規範，以達到修、齊、治、平的目標。

我們在方孝孺的論文中，處處可見他師承宋老師的痕跡。例如他非常尊崇孔孟思想，他說：

> 萬世之所共尊而師其言者，惟孔孟然。（註三三）

在與友人一文中，他解釋五常之德說：

若五常之德，曰仁、曰義、曰禮、曰智、曰信，乃其得於天，而修於己者。（註三四）

在讀法言一文中，他強調論語的重要性，他說：

論語述聖人言行，猶天地之化。（註三五）

因此證明，他們師徒倆都是尊崇孔孟思想的。又宋濂曾在吳萊、柳貫、黃溍等人門下受業（註三六），這些師長在當時，都是赫赫有名的學者，他們不但有很深的儒學修養，更是知名的古文學家。所以，孝孺在師承上，是不折不扣的繼承了儒家思想，而且也是傳承古文學家的統緒人物。

2.理學主張

理學，又稱性理學或道學。東漢以來，治經專重訓詁，到了宋儒卻一反傳統，專門以講究義理爲主，所以稱它爲「理學」，同時他們又兼談性、命之學，所以又可稱爲「性理學」。

宋明理學一向主張積極的參與社會，來實踐人類的倫理道德，它肯定道德教育和修養的必要性，講究氣節和操守。理學家要求人要將五常之性（天命之性），經由道德教育和道德修養，達成自覺與自律，再推己及人養成「民胞物與」的胸襟，而至「天人合一」的境界。在這裏值得特別一提的是，理學家特別重視「立志」與「捨身取義」的精神和實踐。

綜觀方孝孺一生的行爲與思想，正符合理學家的要求。從方孝孺的著作中，我們可以知道他師承宋濂理學主張，以及他對理學精神的肯定和付諸實踐。在祭太史公五首中他說：

嗚呼，我年十五，始誦公文，厥後五年，登公之門。公實天人，遊戲世俗，粃糠死生，談笑榮辱，

> 利祿刑禍，不入於懷，獨憂斯道……晚遇小子，自賀有得，致政蘿山，館置於家，細析密徵，大包幽遐，庸言極論，莫匪正學。翼孟宗韓沿洙遵洛，簞瓢陋室，若飫萬鍾，訓物刑家，惟孝惟忠。天作奇殃，去鄉往蜀，萬里西行，怡然瞑目。當始戒途，告我以書，勉以道學，爲君子儒。（註三七）

宋濂醉心理學，他是「翼孟、宗韓、沿洙、遵洛」的大儒，談笑榮辱，樂天知命的君子，自然他也期望孝孺能成爲一位學術醇正，惟孝惟忠的理學大家。而孝孺本身對理學的詮釋，更是鞭辟入裡，青出於藍，他說：

> 人有五常之性，天命也。發爲君臣、父子、兄弟、夫婦、長幼、朋友之道，天倫也。天倫之常，天命之本，孰從而明之。易、詩、書、春秋、禮記，聖人之經也，聖人之經，非聖人之私言也，天之理也。天不言而聖人發之，則猶天之言也。三代以上，循天之理以治天下國家，故天命立、天倫正，而治功成、風俗淳。（註三八）

在蘿月山房記中說：

> 聖賢之學，所以貴乎窮理盡性，使此心浩乎與天地同體，故處富貴而不盈，遇貧約而不歉，臨大故、斷大事而不懾。（註三九）

在仙溪霞隱記中說：

> 凡物之接於耳目者，孰能長存而不變……故修而爲道德，施而爲事功，發而爲言語，可以垂千載

而不變。（註四〇）

他用「天人合德」的理念，說明三代太平盛世的治績；認爲以探討聖人經典的義理，來窮理盡性，進而發揮人性本善的天倫關係，與天地同體，於是「天命立、天倫正，而治功成、風俗淳」。簡單的說，也就是立德、立言、立功三不朽的理學精義。他的老師讚美孝孺在理學的造詣時說：

> 凡理學淵源之統，人文絕續之寄，盛衰幾微之載，名物度數之變，無不肆言之，離析於一絲，而會歸於大通。生精敏絕倫，每粗發其端，即能逆推而底于極，本末兼舉，細大弗遺，見於論者，文義森蔚，千變萬態，不主故常，而辭意濯然常新，袞袞滔滔，未始有竭也。（註四一）

可見他天賦異稟，「每粗發其端，即能逆推而底於極」的理學成就，不是一般凡夫俗子所能比得上的。

三、人格與抱負

一個讀書人，持身立世經過千古而不能抹滅的，應該只有「節義」和「文章」兩件事了。又自古以來，能在危難關頭不貳其志，以致於拋頭顱、灑熱血的，大概只有立志於孟子所謂「浩然正氣」的忠臣義士吧！

方孝孺的人格與抱負，我們由歷史所記載的各家評論，可窺見一二：明太祖稱讚他是一位「莊士」，蜀獻王尊稱他爲「正學」，姚廣孝將他比喻爲「讀書種子」，蔡清讚嘆他爲「千載一人」。黃宗羲師說將孝孺列爲「有明諸儒之首」，清高宗御批道：「及至身臨鼎鑊，而抗詞直斥，侃侃不撓，未嘗少降其志，凜然大節，洵爲無忝綱常。」像這樣一位頂天立地的賢者大儒，我們來談他的人格與抱負，內心必然是肅然起敬的。

俗語說：「有志者，事竟成。」方孝孺也說：

人恒患乎無志，有志而不怠，則所爲無不成。（註四二）

他認爲今人或古人，穿衣飲食、五官感覺相同，寒暖、晨夕、星月相類；而立志成爲聖賢，拜周公、孔子爲師，與顏淵、孟子爲友，爲什麼會令大家驚訝不已？（註四三）他又說：

「舜何人也？有爲者亦若是。」古之人有言之者，顏子是也。（註四四）

所謂「大丈夫可取而代之」的勇氣，就是立志的第一步。由他的言談，我們不難發現他的人格特質，以及抱負的遠大，可謂不同凡響呢！

㈠孝道的體現

自古有訓「忠臣必出於孝子之門」，孝孺也說：

孝以繼志，忠以盡職。（註四五）

他特別舉出論語中的例證，來說明「孝」的基本態度，他說：

孔子曰：「至於犬馬，皆能有養，不敬，何以別乎？」（註四六）

在奉終文中說：

孔子謂：祭之以禮爲孝。（註四七）

談到孝道的理論，孝孺認爲孝的意義，並不只是口體的奉養，而是更積極的「大孝盡忠，以顯父母」。也就是說，人子的孝道，在於盡心盡力的養親以顯親，安親以壽親（註四八）。這種觀點是非常特別的，也是他日後臨變赴義，報兩朝知遇之恩，以致殉十族而不悔的精神力量。以下將他談論孝道的文章，以層次類分，然後再討論他對孝道的體現。他說：

> 天道在人，爲心之仁，仁道之大，始於事親，事親能養，謹節爲貴，謹則無憂，節則不匱。（註四九）

首先，他說明天道人心最基本的表現，就是孝順父母，使他們不虞匱乏。他又說：

> 因吾之親，以推吾親之所親，因吾之尊，以推吾親之所尊，此聖賢之教，所以異於禽獸、異類，而爲萬事通行之典也。……孝子之於親，縱受其虐，不敢疾怨。（註五〇）

這是他談孝順、尊親之後的第二個層次，推己及人，發揮「老吾老以及人之老，幼吾幼以及人之幼」的仁愛精神。孝孺認爲「孝子之於親，縱受其虐，不敢疾怨」，這是讀聖賢書之人所學不同於禽獸異類的地方，也是萬世所通行的法則。他在同篇文章中又說：

> 春秋之法，罪輕而不悖乎禮者，不以公義廢私恩；惡大而爲天下所不容者，不以私恩廢公義，能權事物之輕重，然後可。（註五一）

他分析仁、善、孝、忠都是一體同源的，他說：

> 夫孝爲萬善之原，移事親之心，以事君，則忠莫大焉，推愛親之心以及人，則仁莫厚焉。（註五

二）

所謂「孝是萬善之原」，忠君、愛人都是孝的延伸，仁的體現。所以他又說：

養口體、順顏色、察嗜好，孝之末也。而非其至者，必也致其身爲聖賢，而喻父母以道，使德之在己者無可憾，而名之顯乎親者，有可傳，然後爲庶幾焉。（註五三）

孝的最高層次在光顯父母，而養、順、察只是孝的末端罷了。唯有能夠光宗耀祖，留名青史，才是「孝道」的眞諦。他說：

事親而祇順無違，固孝也。推以事君，誠敬而不欺，仁恕而有容，先國家之政，而忘乎私，惟生民社稷是利，而不顧乎己，此尤孝之大者也。故知孝親乃可以事君，能忠於君然後謂之大孝，而忠與孝非二致也。（註五四）

他把孝發揮到極致，是「忘乎私，惟生民社稷是利，而不顧乎己」的大孝，也就是大公無私爲國盡忠的忠孝。這是孝孺對孝道最精采的詮釋，也突顯他人格特質所在。

梁容若先生，曾在杜鵑的詭祕一文中，提到方孝孺聞鵑詩裏所表達出「遊子思鄉」的熱烈感情，而感到不解？因爲他認爲方孝孺在金陵做官，離家鄉並不是很遠，爲什麼會感傷到痛哭流涕的這種程度？我們試讀聞鵑詩的內容：

不如歸去，不如歸去，一聲動我愁，二聲傷我慮，三聲思逐白雲飛，四聲夢繞荊花樹，五聲落月照踈櫺，想見當年弄機杼，六聲泣血濺花枝，恐污階前蘭茁紫，七八九聲不忍聞，起坐無言淚如雨，憶昔在家未遠遊，每聽鵑聲無點愁，今日身在金陵土，始信鵑聲能白頭。（註五五）殊不知，孝孺原本就出自一個充滿孝思的家庭，他的父親爲了克盡孝道，有過「兵亂，負母逃入深谷，兩踵血流」的事實經歷；他的伯兄孝聞「年十三，居母之喪，不肉食，至服除，人以純孝稱之」（註五六）的佳話。父兄以孝行爲身教，孝孺至情至孝的人格特質，自然就表露無遺了。

他在讀曾子一文中說：

少之時，事二親，嘗謂人，子無所自爲心，以父母之心爲心。今此書曰：「孝子無私憂，無私樂。父母之憂憂之，父母所樂樂之。」旨乎其有味哉，一何似予之所欲言也。然少時知之而不能躬見之，及今欲養而二親已莫在矣。疾病篇有曰：「親戚既沒，雖欲孝，誰爲孝？」誦其言，輟業流涕者久之。（註五七）

這種「無私憂、私樂」、「子欲養而親不待」而涕淚交流的熱烈感情；以及他寫慈竹軒記時，敍述宦遊在外，庶母年老，兄長多病，弟弟寄家書敍天倫，卻無法立刻回家，不由得痛哭流涕的心境（註五八）。還有他視師如親，恩師宋濂含寃長逝，他寫了一篇籲天文「願輸弗享，以延師之脩齡」（註五九），悲痛欲絕，只要和朋友談到老師，或看到老師的親手筆跡，就忍不住淚流滿面。他的熱淚都是眞情流露，他的感情仁慈又豐富，他的人格操守當然能忠貞不貳。所以，壬午靖難變起，君臣之義，國家興亡的責任，自然成爲他實踐大孝盡忠的最高體現。

(二)理氣的解析

宋儒理學重格物致知，所以孝孺論氣，也是主張形而下的，他認爲「氣」是屬於現象界的事體，因爲「氣」的存在，萬物得以生息，所以說氣是統御萬物的有形之物。他在贈郭士淵序中，把「氣」的宇宙觀說得非常透澈，他說：

> 天地有至神之氣，日月得之以明，星辰得之以昭，雷霆得之以發聲，霞雲電火得之以流行。草木之秀者，得之以華實，鳥獸之瑞者，得之以爲聲音毛質，或騫而飛，或妥而行，或五色絢耀而八音和鳴，非是氣，孰能使之哉！（註六〇）

至於人呢？當然也是由於「氣」使然，但是「氣」因爲各人天賦與學養不同，而有聖愚之分。他指出一個人能終身養氣，使自己的行爲合乎義理，仰不愧於天，俯不怍於人，就一定能出類拔萃。按照宋儒諸子的說法，他們一致認爲「氣」是可以利用後天的力量去改變的，也就是教人養氣，養孟子所謂的「浩然正氣」，以及文天祥正氣歌中至大至剛的正氣。方孝孺對理、氣解析道：

> 清氣之在天地間，得其純全之會，則爲聖賢人，得其澆駁之餘，則爲庸衆人。……蓋五性在人，猶水之在於器，器有汙潔，而水之清，初非以汙潔而加損也。聖賢之於性，譬若以至潔之器受水，而恒以靜居之。故其爲水也，可以鑑秋毫，而察眉睫。衆人譬以汙器受水，而又動淆之，則水始有渾濁而不足以自鑑矣。故善學者，積澄濾之功，以變其渾濁，而反乎至清，則衆人可爲聖賢人，亦理然也。（註六一）

在此，他提出「善學者，積澄濾之功，以變其渾濁，而反乎至清」的澄濾工夫，也就是宋儒所謂的學養工夫。爲了清楚起見，將他的學說，圖示如左：

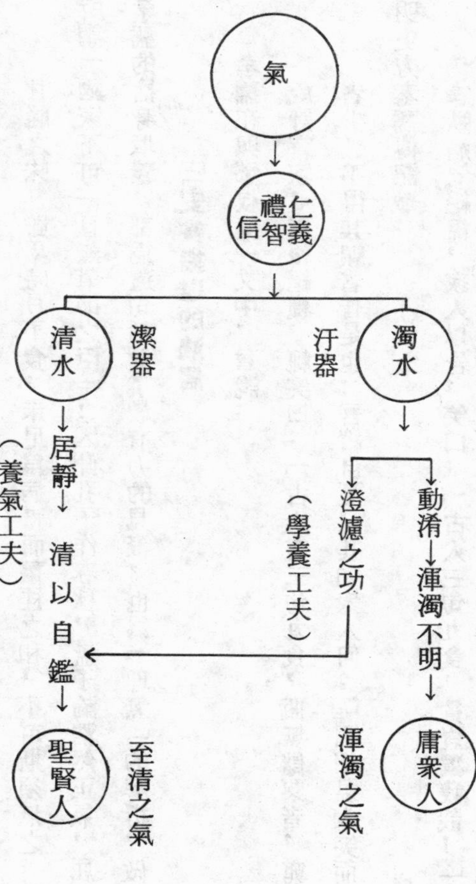

宋周敦頤、二程、張載、朱熹等人都是以道德論理氣，孝孺也認爲讀書人立志成爲君子，只有持志養氣，因爲立定志氣，志氣就充足，志氣既充足，自然可以天人合爲一體。如此，還有不能達成的願望嗎？所以孝孺強調，欲立志爲聖賢，先學孔孟之道；學孟子「富貴不能淫，貧賤不能移，威武不能屈」的大勇正氣，讓大家都知道道德禮教的可佩。他說：

今之爲士者，不患其無才，而患其無氣，不患其無氣，而患其不知道。道，譬之源也；氣，譬之水也；才，譬之能載也。蓋有無其源而不能爲水者矣，未有水既盈而不載者也。（註六二）

這就是孝孺理氣說的理論基礎。事實上，理學家對「氣」眞正的期許及其體現，就是他在戇窩記中所說的「氣節」，他說：

士之可貴者在節氣，不在才智。……國家可使數十年無才智之士，而不可一日無氣節之臣。譬彼甘脆之味，雖累時月不食，未足爲病，而薑桂之和，不可斯須無之。（註六三）

所謂「國家不可一日無氣節之臣」，因此孔子作春秋，孟子論浩然正氣，屈原離騷，文天祥正氣歌和方孝孺的捨身取義，都爲這句話做了最有力的見證，也爲「理氣」的解析，做了最佳的註脚。

(三)安貧樂道的鴻儒

孝孺在與鄭叔度一文中，曾說：

歲計窘家，屢報絕糧，輒笑曰：「古人有三旬九食，瓶無儲粟者，窮者豈獨耶？且天下之得其願者少，不得其願者皆是也，吾縱自憂，其如衆人何？」因相與大笑而止。（註六四）

明史方孝孺傳記載：

嘗臥病，絕糧，家人以告，笑曰：「古人三旬九食，貧豈獨我哉！」（註六五）

像他遭遇「臥病」、「絕糧」的困境卻能怡然自得，不改其志，眞可說是一位安貧樂道的君子啊！一個人最難能可貴的是身處貧困，卻能力爭上游，這正是我們所談方孝孺的人格特質之一。

孝孺在文章中推崇顏淵的地方很多，並且把他當做朋友，效法他的言行，尤其是談到顏淵「一簞食，一瓢飲，樂在其中」（註六六）的德行修養，他說：

人之榮辱貴賤有命，惟君子能不以之爲喜戚，而脩其在我者以勝之。子不見魯之陋巷乎，當顏子之處乎此，無一命之爵、一釜之祿以榮貴其身。而今越千載，雖野人婦女皆敬而仰之，非以其道德之勝耶？（註六七）

又說：

顏子饑餓陋巷，不憂其身之賤貧，而以舜自望。（註六八）

顏淵不因貧賤而自棄於道德門牆之外，卻「以舜自望」的美好德性，是被讚許的，他說：

顏子默然處陋巷，而聖人予之爲群賢首。（註六九）

在希董堂記一文中又說：

賢者非以位而貴也，道施於人，被其澤者衆，故其譽聞益賢也。（註七〇）

他鼓勵後進要有慕道德，輕富貴之心，因爲祿位權勢是短暫的，而仁義道德卻可以永垂不朽。所以，他一再叮嚀道：

志乎富貴權術，而不志乎道者，自賤其身者也，謂其身不足以行道者，誣其身者也；謂周、孔、顏、孟爲不可及者，棄其天性者也。（註七一）

他認爲一心一意只想得到富貴權勢的人，是自暴自棄。他疑惑的問道：「外物之臨，豈足榮辱？」（註七二）對孝孺而言，只要有適合自己伸展抱負的地方，那麼生死、貴賤、禍福是沒有任何差別的；也就因爲如此豁達的思想，才是他日後薄日月，震乾坤，成仁取義的原因所在。他在贈王仲縉序文中說：

> 食焉而思，思焉而行，不憂其身之窮，而憂道之不脩，不懼其家之無財，而懼乎名之弗揚者，君子也。（註七三）

這種君子憂道不憂貧的思想，正是一代鴻儒方孝孺安貧樂道的眞實寫照。

(四)利民安邦的智者

研究方孝孺，知道他在文學方面和理學方面都有傑出的表現。明儒學案稱他爲「有明之學祖」（註七四），姚廣孝說他是「天下讀書種子」，這些都是對他學術成就的肯定。在政治思想方面，他把自己親身的經歷，悲天憫人的人格特質，結合以天下爲己任的政治抱負，使他在政治理論上，有突破性的發展。他提出一套完整的政府組織制度，將中央政府的改革以及地方制度的組織，有系統的加以規劃，來達成地方自治自養的目的。（註七五）

孝孺政治理論的基礎，是民本的，是仁治的，他說：

> 天之生身也，豈特養夫區區之口體至死而已哉！亦將以輔天地所不及，而助之養斯民耳。（註七六）

他這種「助天養民，補天地不足」的想法，是非常獨特的，也是他政治理念「民本」思想的特點。孝孺的政治主張不但是爲民服務的，養育教化人民的，更是以「仁」出發的，他說：

> 人以五常應變，而具慈愛之道者爲仁，天雖至健，非春無以生物。人有剛武明毅之才，非仁無以

> 立政，故國之有仁人，猶天之有春也。（註七七）

他在論文中，也多次提到范仲淹「先天下之憂而憂，後天下之樂而樂」先憂後樂的精神來自我期許。這種憂世憫民、推己及人的政治家風範，是他生逢憂患，所表現出的積極淑世理想，也是爲了開太平盛世所做出的努力。黃宗羲對孝孺心存「人溺己溺，人飢己飢」的政治胸襟，推崇備至，他說：

> 直欲排洪荒而開二帝，去雜霸而見三王，又推其餘以淑來禩；伊、周、孔、孟合爲一人。（註七八）

所以，我們說他是一位安邦利民的大政治家。而他的政治理論，在本書第四章有詳細的論述，茲不復重贅。

四、壬午殉難始末

㈠靖難之變的前因

由於明太祖朱元璋辛苦締造明王朝後，他認爲元朝覆亡最重要的原因在於宗室孱弱，而周代享國長久是因爲實行封建制度。所以，他登基後大封藩王於各省各府要地，並使諸王領有練兵、調遣及征伐大權（註七九），以達藩屏帝室的目的。但制度既定，造成藩王權勢日大，心存異志，甚至助長他們問鼎中原的野心。惠帝鑑於北方諸王「擁重兵，多不法」的狀況，決定採納齊泰、黃子澄的削藩建議（註八〇），結果成績可觀「未及期年，削奪五王」（註八一）。建文王朝的削藩政策直接威脅了早就覬覦皇位的燕王，於是建文元年，燕王朱棣打著「誅齊、黃，清君側」的旗號，起兵南下，明王朝禍起蕭牆，靖難之役終於爆發了。

(二)靖難之役與孝孺殉國

建文元年七月燕王擧兵爭奪皇權，此後朝廷與燕軍的戰役，就稱爲「靖難之役」。激烈的戰爭持續了四年，燕王智慮絕人（註八二），惠帝輕謀寡慮（註八三）；加上朱棣爭天下是死裏求生，上下同心，而朝廷內部卻意見分歧，允炆帝猶豫不決（註八四）等等因素，終於導致建文四年壬午六月十三日，燕軍攻克京師，宮中火起，惠帝遜國（註八五），方孝孺被執下獄。六月十七日燕王即位，是爲成祖。

成祖素重方孝孺聲名，想利用他草詔天下，收攬人心，派人召至殿前，孝孺一身縞素，悲慟已極，哭聲響徹大殿。成祖下榻安慰他說：

先生毋自苦，予欲法周公輔成王耳。

孝孺問：

成王安在？

成祖說：

彼自焚死。

孝孺質問道：

何不立成王之子？

成祖回答：

國賴長君。

孝孺反問：

何不立成王之弟？

成祖一時無言以對，支吾道：

此朕家事！

叫左右將筆札放到方孝孺面前，對他說：

詔天下，非先生草不可。

孝孺憤怒地把筆一甩，邊哭邊罵道：

死即死耳，詔不可草。

成祖眼見他不願屈服，威脅著說：

汝安能遽死？即死，獨不顧九族乎？

孝孺義無反顧的厲聲斥呵道：

便十族，奈我何？

成祖怒不可遏，下令將孝孺磔殺。六月二十五日孝孺慷慨就戮，並作絕命詞一首：

天降亂離兮，孰知其由？奸臣得計兮，謀國用猶。忠臣報國兮，血淚交流；以此殉君兮，抑又

何求！嗚呼哀哉兮，庶不我尤！（註八六）

他就義的時候，正是四十六歲的壯年。

成祖一怒將方孝孺九族誅盡，又將孝孺朋友、門生併爲一族，皆磔於市，牽連入罪被殺的共有八百七十三人；至於被謫戍荒徼而死的人數，更不可勝計。（註八七）又明史記載：

弟孝友與孝孺同就戮，亦賦詩一章而死，妻鄭及二子中憲、中愈，先自經死，二女投秦淮河死。（註八八）

沈剛伯先生感慨的說：

姚廣孝說若果殺了他，則「天下讀書種子絕矣！」這是站在文化立場上說的老實話，當非沽名釣譽的假做作。明成祖卻偏要大殺以立威，磔死他本人以外，還盡捕他的五服之親，殺了七天，而猶以爲未足，乃把他的朋友學生湊成十族，竟至死八百七十三人，其因充軍而死於道路者，又數百人。殺了一兩千人，仍怕未能將方孝孺的潛伏勢力撲滅乾淨，於是下令天下「有收其隻字者，罪無赦！」淫威之所及，致方氏死後「三十餘年，而天下乃敢舉其名，又五十年，而天下乃敢誦其言，又百年而天下乃有求其已絕之裔者。」這樣大肆株連以期斬草除根，很顯然地是要根本剷除方氏的學說思想。（註八九）

倪元璐在方正學先生文集序中也說：

先生以一言沈十族不悔，文皇帝以一怒族先生亦不悔，蓋皆以甚重其文章之故。（註九〇）

㈢方孝孺思想理念與其殉難的關係

胡適之博士於民國五十年一月十二日主持沈剛伯先生演講「方正學的政治思想」時，曾介紹方孝孺說：

方正學先生就是方孝孺，他是明初一位偉大的思想家。有人常說中國很少殉道的人，或說是爲了信仰而殺身殉道的人，其實是不對的；我們的至聖先師孔子在二千五百年前，就提倡「殺身以求仁，毋求生以害仁」的傳統精神，方孝孺就是承襲固有文化傳統，殺身殉道的了不起人物。（註九一）

方孝孺一門忠烈的氣節與操守，實根源於儒家一貫的道統；孔子爲正名而作春秋，孟子提倡民貴君輕說，宋明理學家主張理氣修養論等等，都是固有文化的傳承。

孝孺師承儒家學說和宋濂理學思想，在他的人格與抱負中，對培養浩然正氣，大勇不屈精神的本體論，以及理學家對氣節具體要求的道德實踐論（見本書第二章第一節二㈡2.暨三㈡），已奠定深厚的學養；繼而他又將理學的天道觀和本性論結合爲一體，來發揮人類良知良能的靈明本性，以窮究物理（見本書第三章）。在這樣的基礎下，他提倡悲天憫人的養民論，以民爲本的君主立憲，縮短貧富差距的平均地權（見本書第四章），主張人民應有言論自由，強調君主「正統」地位等政治理想，都是承襲我國固有文化的傳統。誠如師範大學邱德修教授所說：

方孝孺在五百年前的思想和理想，在五百年後的今天都一一實現了。這種實現，除了部分受到

西潮的影響外，最主要的是我國文化上的薪傳。而正學先生是自孟子以後，把這薪火點燃的第一人。（註九二）

這些傳統思想，教導孝孺養成眞摯純孝的人格特質，他爲維護傳統文化精神而殉道，正是宋明理學講氣節、談心性的最高體現。劉蕺山先生在序方孝孺遺文時說：

方先生死事，距今二百五十年，而凜凜生氣，薄日月，震乾坤，愈傳愈遠，遂當前無千古，後無萬古。則論世之外，尤待有先生之遺言在也。（註九三）

第二節　著作與內容

方孝孺的著作，流傳至今的只有方正學先生遜志齋集二十四卷，現今通行的版本簡稱爲遜志齋集。據明史上記載：

孝孺工文章，醇深雄邁，每一篇出，海內爭相傳誦。永樂中，藏孝孺文者罪至死。門人王稌潛錄爲侯城集，故後得行於世。（註九四）

孝孺殉節後，文禁很嚴，私藏他文章的人是死罪。所以，他的文稿到明宣德以後，才留傳開來，內容脫誤的地方很多，原來的版本一共三十卷，拾遺十卷，是明黃孔昭、謝鐸所編的，目前刊行的是合併爲二十四卷的版本。其它的著作如：大易枝辭、周禮考次目錄、武王戒書注、宋史要言、基命錄、文統等，都已失傳，實在可惜。

一、方正學先生遜志齋集

㈠國內所見之版本

在本書緒論研究材料中曾提及，方孝孺的遜志齋集，在國內公藏書目中，找不到三十卷的本子，惟獨在北京圖書館古籍善本書目中有之。

目前，在台灣公藏善本書目書名索引中，只能找到方孝孺遜志齋集二十四卷的善本書目有六種：

1.明正德十五年，顧璘等刊本二部，含附錄一卷，十四册，它是十行二十字，白口，四週單邊的版本，一部收藏在故宮圖書館，另一部收藏在中央圖書館。

2.明嘉靖二十年，蜀藩刊本，近人章梫手書題識，十册，收藏在中央圖書館。

3.明嘉靖四十年，范惟一刊本，十二册，收藏在中央圖書館。

4.明萬曆四十年，丁賓等校刊本，兩部，附外紀二卷，收藏在中央圖書館。

5.清文淵閣四庫全書（無附錄），收藏在故宮圖書館。

6.日本影鈔明丁賓等刊本，收藏在故宮圖書館。

在普通線裝書方面，國立台灣大學普通本線裝書中可以找到的資料比較多，其中像方孝孺年譜、辯正、拾補、外紀等，都是彌足珍貴的史料，據筆者所知，共有三種：

1.方正學先生遜志齋集二十四卷，附辯證、年譜，共十六冊。年譜由明盧演、翁明英共同編輯的，清同治十二年，浙江刊本，收藏在台灣大學文學院圖書館。

2.方正學先生遜志齋集二十四卷，附辯證、年譜、拾補、外紀，共十冊。年譜是由明盧演、翁明英共同編輯的，清趙聲浦刊本，收藏在台灣大學文學院圖書館。

3.方正學先生遜志齋集二十四卷，年譜一卷，附錄一卷，共三十冊。年譜由明盧演、翁明英共同編輯的，清康熙三十七年補刊本，收藏在台灣大學總圖書館。（現已移至台灣大學研究生圖書館中珍藏）

至於市面上或圖書館中，可查到商務、中華、新文豐等書局出版的遜志齋集，也都是只有二十四卷。它們和善本書、線裝書一樣，沒有標點符號。惟獨在中山大學文學院中文系圖書室中，查到一本由日本人村瀨誨輔編著的方正學文粹六卷，有圈點和眉註（註九五），以及善本書李卓吾評選方正學文集十一卷有圈點和眉批（註九六）外；遜志齋集一書，仍有待學者細心考據、整理，並標示出新式標點符號，加以註解、說明，印行於世，才能使後學一睹明初大儒方孝孺的思想精華和他爲延續傳統精神文化，所寫下的悲壯史實。

(二)內容提要

明儒學案卷四十三談到方正學先生遜志齋集的內容說：

先生直以聖賢自任，一切世俗之事皆不關懷。謂入道之路，莫切於公私義利之辨；謂聖功始於小學，作幼儀二十首；謂化民必自正家始，作宗儀九篇；謂王治尚德而緩刑，作深慮論十篇；

謂道體而事無不在列，雜誡以自警。持守之嚴，剛大之氣，與紫陽眞相伯仲，固爲有明之學祖。

（註九七）

又劉宗周在方正學先生遜志齋集原序中說：

自箴、銘、雜誡以往，繇其言，考其所學，想見其踐履之密，操持之固，願力之宏與經術經世之富有。而先生之於道，已捫然升堂而啓室矣。其處也，非孔孟不師；其出也，非伊、周不任，世以爲程、朱復出，眞程、朱復出也，故曰正學也。（註九八）

所謂文如其人，黃宗羲與劉宗周指出，孝孺合孔、孟、伊、周爲一人，號正學，謂入道之路，莫切於公私義利之辨，實在可以稱爲明儒之首；而遜志齋集的內容，就是他思想的代表。他在遜志齋集卷一雜誡中說：

人孰爲重，身爲重；身孰爲大，學爲大。……學則可以守身，可以治民，可以立教，學不亦大乎。學者，聖人所以助乎天也。（註九九）

在卷十四送淩君入太學序中說：

聖賢之道至大矣，其全可以治天下，變風俗，而其緒餘，猶足以守一官，化一鄉。（註一〇〇）

孝孺認爲學習是人類最重要的使命，而聖賢助天養民，聖賢之道，就是教人如何學習守身、治民、立教；這和遜志齋集幼儀、宗儀、深慮論等，以及其它篇章的內容是完全符合的。

孝孺學術醇正，文章縱橫豪邁，文氣近似於蘇東坡、陳亮（龍川先生）之間。鄭瑗井觀瑣言說他志高氣銳，詞鋒浩然，很適合論文。在當時，孝孺「每一篇出，海內爭相傳誦」，故燕王篡位，想藉著孝孺的聲望，草詔天下，安撫民心，他以周公輔成王爲喻，做爲引誘，卻被孝孺嚴詞拒絕，燕王一怒之下，誅殺方氏十族，孝孺慷慨就義。所以四庫全書總目提要說：

語其氣節，可謂貫金石、動天地矣。文以人重，則斯集固懸諸日月，不可磨滅之書也。（註一〇一）

現在將此書的卷次和文體類別，表列如左，以供參考：

卷次	文體類別	卷次	文體類別	卷次	文體類別	卷次	文體類別
一～八	雜著	一二～一四	序	一九	贊	二二	碑、表、誌
九	表、箋、啓、書	一五～一七	記	二〇	祭文、誄、哀辭	二三	古詩
一〇～一一	書	一八	題跋	二一	行狀、傳	二四	古詩、律詩、絕句

二、方孝孺文集及其墨蹟

(一)文集

在郡齋舊刻方先生小傳中，記載方孝孺的文集計有：周易枝辭、周禮考次目錄、武王戒書注、宋史要言、基命錄、文統等，後來因爲成祖將這些重要著作，都列爲禁書而遭焚燬，不准私藏，所以就失傳了。在劉宗周序文中，也提到孝孺的著作有周禮辨正、大易考次、枝詞及武王戒書注，但都已經失傳。又在方正學先生年譜中查到孝孺完成這些著作的年代，表列如下：

年號	干支	西元	年齡	著作名稱	備考
洪武十四年	辛酉	一三八一	二十五歲	周禮辨正	
洪武二十二年	己巳	一三八九	三十三歲	周易考次	
洪武二十三年	庚午	一三九〇	三十四歲	武王戒書注、宋史要言	
洪武二十四年	辛未	一三九一	三十五歲	周易枝辭、文統	
洪武二十八年	乙亥	一三九五	三十九歲	帝王基命錄	

只可惜，這些著作都已無法再看到。但是在遜志齋集卷十二序文類中，還保留幾篇序文，如周禮考次目錄序、武王戒書序、基命錄序等，尚可以窺得方氏學問之一斑。

(二)墨蹟

至於他的墨蹟，流傳至今的極爲罕見，國立故宮博物院民國五十七年所編印明方孝孺書默庵記（註一〇二）的眞跡，扉頁有朱之蕃題的「正氣淋漓」四個大字。朱之蕃在題方正學小楷默庵記一文中，稱贊孝孺的書法成就時說：

> 書法之遒勁精嚴，如端人正士，望之起敬，可以釋躁妄，收放逸，蓋意兼歐虞，妙出神運，未易窺其蘊也。

他說孝孺爲人端正，心正筆亦正，才能有這種「妙出神運」的筆法。

此外，還收集到孝孺墨寶數件，置於書前，一一局部影印刊出，以供參考。

第三節　結　語

被稱爲「有明之學祖」的方孝孺，少承家學，二十歲負笈東游，拜師宋濂門下，以「明王道，致太平」爲己任。洪武中，兩次被薦舉，由於太祖認爲「今非用孝孺時」，任命他爲漢中府學教授。建文帝即位，召他回朝，他與惠帝君臣契合，同於師友，於是孝孺懷著致身伊、周的宿願，輔佐惠帝推行各項新政，給社會帶來了「寬政解嚴霜」的新氣象。

靖難事起，孝孺對燕王朱棣舉兵爭奪皇位，深惡痛絕，這不僅是爲了報兩朝知遇之恩，更是爲了維護生民樂利的衞道精神；這種精神的思想基礎，在遜志齋集宗儀、釋統、君職等諸篇論文中，有詳細的說明。孝孺爲了維護儒家倫理道德，強調「仁義中正」與「公私義利」之辨，發揚理學精神，在激烈的戰火後，他從容就義，壯烈的犧牲了。

誠然，孝孺正大凜然的氣節，是根植於家庭的孝思以及儒家的憂道精神；而這份孤忠的血淚和追求眞理的赤誠，實可驚天地、泣鬼神，堪與日月爭輝，永垂不朽。玆引用黃黎洲先生對方孝孺一段精彩的評論作結，說明孝孺留名千古的歷史意義。他說：

惟先生平日學問，斷斷乎臣盡忠，子盡孝，一本於良心之所固有者，率天下而趨之，至數十年之久，幾於風移世變，一日乃得透此一段精光，不可掩遏。蓋至誠形著動變之理宜然，而非人力之所幾及也，雖謂先生爲中庸之道，可也。（註一〇三）

【附註】

註一　參考盧演、翁明英方正學先生年譜：元至正十七年丁酉，先生生。始生之夕，有木星墮於其家。又郡齋舊刻方先生小傳：元至正丁酉先生生，生時，有木星墮其所。皆收在遜志齋集附錄中。

註二　遜志齋集卷二十四絕句，第七二二頁。以下凡引用本書，頁次以商務景印文淵閣四庫全書總一二三五冊爲準，簡寫爲遜志齋集卷二四〈七二二〉。

註三　遜志齋集卷一二答俞子嚴二首〈三四一〉。

註四　遜志齋集卷一一〈三三八〉。

註五　明史卷一四一列傳二九方孝孺〈四〇一七〉：讀書日盈寸，鄉人目爲「小韓子」。又郡齋舊刻方先生小傳：日讀書積寸，人以其善屬文，呼爲「小韓子」。（以下各註，凡引用明史，皆以鼎文版，新校本明史幷附編六種的頁次爲準。〔〕表示頁碼。）

註六　遜志齋集卷一一答俞敬德二首〈三三九〉：侍先人北遊濟上，歷鄒魯之故墟，覽周公、孔子廟宅，求七十子之遺蹟，問陋巷舞雩所在。

註七　遜志齋集卷一五茹荼齋記〈四五七〉。

註八　遜志齋集卷二〈九〇—九九〉。又盧演、翁明英方正學先生年譜：洪武七年甲寅，先生年十八，在濟寧作釋統三章，深慮論十首。

註　九　遜志齋集卷二二（八六－九〇），以下同註八。

註一〇　遜志齋集卷二一先府君行狀（五九〇）：在官周三年，省憲考績爲六府最。八年春入朝，天子以爲善治民，錫燕儀，曹遣踐舊職，瀕行獎諭有加，且曰：「政成，當顯用汝。」先君拜謝而退。三月重至官，越五月，知曹縣事程貢，嘗以不職被笞，恨先君，上封事言狀……先君不與辨，遂得罪，謫江浦。終歲將釋歸，會印章事起，吏又誣及，九年十月二十四日遂卒於京師。又明史二八一循吏列傳一六九方克勤（七一八七）：八年入朝，太祖嘉其績，賜宴，遣還郡。尋爲屬吏程貢所誣，謫役江浦，復以空印事，逮死。

註一一　同註一〇。

註一二　方正學先生年譜：草疏將詣闕，適愚庵公卒，悲慟至絕，遂同兄孝聞扶櫬還家。方先生小傳：會父坐空印事，草疏將詣闕伸理，而父沒，扶喪歸葬。又明史一四一列傳二九方孝孺（四〇一七）：父克勤坐「空印」事誅，扶喪歸葬，哀慟行路。

註一三　宋濂文憲集卷三十一送門生方孝孺還鄉詩並序（五三九），以下凡引用此書，以商務景印文淵閣四庫全書總一二二四、一二二三冊爲準，（　）表頁次。又文憲集又稱宋學士全集，共三十六卷。

註一四　引用清趙聲浦刊本遜志齋集外紀宋濂送方生還天台詩有序。

註一五　遜志齋集卷二〇祭太史公五首（五六七）。

註一六　遜志齋集卷一五茹茶齋記（四五七）。

註一七　遜志齋集卷一一答王秀才（三三五）。

註一八　遜志齋集卷一七尚志齋記（四九七）。

註一九　遜志齋集卷一一答俞敬德二首〔三三八〕。

註二〇　方正學先生年譜：應召如京師，見高皇帝於奉天門。上曰：「爾父無罪，爲奸臣所陷耳。」陳說頗多，試靈芝甘露論並稱旨，上每面試舉子，必親定高下，註選至，先生獨不註，曰：「此異人也，吾不能用，留爲子孫光輔太平。」顧謂沈樞曰：「孝孺孰與汝？」對曰：「十倍於臣。」上歎曰：「誠異才也。」令往見東宮，錫之宴，几稍欹，先生必正乃坐，上使人覘之，喜其舉動端整，謂皇太孫曰：「此莊士，當老其才，以輔汝。」諭遣還。方先生小傳：洪武十五年，上用吳沈、揭樞等薦，聘至，陳說多稱旨，上謂樞曰：「方孝孺孰與汝？」對曰：「十倍於臣。」上以是不忍輕用，諭遣還家。又遜志齋集外記鄭曉文學博士方先生傳：洪武十五年以吳沈、揭樞薦召見，上喜其舉動端整，謂皇孫曰：「此莊士，當老其才，以輔汝。」遣還鄉。又明史一四一方孝孺傳〔四〇一七〕：洪武十五年，以吳沈、揭樞薦，召見，太祖喜其舉止端整，謂皇太子曰：「此莊士，當老其才。」禮遣還。

註二一　遜志齋集卷二〇與鄭叔度八首之七〔三〇七〕。又明史方孝孺傳〔四〇一七〕：嘗臥病，絕糧，家人以告，笑曰：「古人三旬九食，貧豈獨我哉？」

註二二　明史方孝孺傳〔四〇一七〕：蜀獻王聞其賢，聘爲世子師，每見陳說道德，王尊以殊禮，名其讀書之廬曰正學。又遜志齋集附錄臨海陳紀正學先生事狀：賜號其讀書之室曰正學，學者稱爲正學先生。

註二三　遜志齋集卷一一與盧編修希魯〔三五〇〕。

註二四　明通鑑卷一一。又明史方孝孺傳〔四〇一七〕：……國家大政事輒咨之。帝好讀書，每有疑卽召使講解。臨朝奏事，臣僚面議可否，或命孝孺就扆前批答。

註二五　遜志齋集卷二四絕句〔七一四〕。

註二六　明史卷一四一列傳二九方孝孺（四〇一七）。

註二七　遜志齋集卷二一先府君行狀（五八八）：葉氏，宋丞相西澗公，從曾姑也。又宋濂故愚庵先生方公墓版文：葉氏，宋丞相夢鼎，從曾孫女也。

註二八　遜志齋集卷二一先府君行狀（五八九）。

註二九　明史二八一循吏列傳一六九方克勤（七一八七）。

註三〇　赤城新志方希學傳。（遜志齋集外紀收錄）。

註三一　同註一三。

註三二　宋濂文憲集卷二十八（四三二）七儒解。

註三三　遜志齋集卷一〇答王仲縉五首（三一四）。

註三四　遜志齋集卷一一（三四三）。

註三五　遜志齋集卷四（一三六）。

註三六　遜志齋集卷一六傳經齋記（四五八）。

註三七　遜志齋集卷二〇（五六七）。

註三八　遜志齋集卷一六石鏡精舍記（四六七）。

註三九　遜志齋集卷一七（五〇六）。

註四〇　遜志齋集卷一六（四七三）。

註四一　宋濂文憲集卷三十一送門生方孝孺還鄉詩并序（五三九）。

註四二　遜志齋集卷一三迎養詩序（三九五）。

註四三　遜志齋集卷一七尚志齋記（四九七）。

註四四　遜志齋集卷一一答林嘉猷（三四六）。

註四五　遜志齋集卷一七春風和氣堂記（五〇五）。

註四六　遜志齋集卷一雜誡十七（五八）。（論語爲政第二）。

註四七　遜志齋集卷一宗儀九首（七八）。（論語爲政第二）。

註四八　遜志齋集卷一七孝思堂記（五〇九）。

註四九　遜志齋集卷七謹節堂銘（二二〇）。

註五〇　遜志齋集卷五魏孝文（一六九）。

註五一　同註五〇。

註五二　遜志齋集卷一三迎養詩序（三九五）。

註五三　遜志齋集卷一五草心堂記（四五六）。

註五四　遜志齋集卷一七御賜訓辭記（五〇〇）。

註五五　遜志齋集卷二四古詩（七〇三）。

註五六　宋濂文憲集卷二十四故愚庵先生方公墓版文（三〇一）。

註五七　遜志齋集卷四（一三一）。

註五八　遜志齋集卷一五（四五〇）。

註五九　遜志齋集卷八（二四〇）。

註六〇　遜志齋集卷一四（四一二）。

註六一　遜志齋集卷一六貯清軒記（四八八）。

註六二　遜志齋集卷一八題溪漁子傳後（五三四）。

註六三　遜志齋集卷一六（四七九）。

註六四　遜志齋集卷一〇（三〇七）。

註六五　同註二一。

註六六　論語雍也第六。

註六七　遜志齋集卷一七默山精舍記（四九四）。

註六八　遜志齋集卷一六心遠軒記（四七九）。

註六九　遜志齋集卷一〇答王仲縉五首（三一四）。

註七〇　遜志齋集卷一五（四四七）。

註七一　遜志齋集卷一七尙志齋記（四九七）。

註七二　遜志齋集卷一四送李宗魯序（四二〇）。

註七三　遜志齋集卷一四（四一一）。

註七四　黃宗羲明儒學案卷四三，第七三五頁。以下凡引用本書，頁次以台灣商務印書館景印文淵閣四庫全書總四五七冊（史部二一五傳紀類）爲準，頁次標示作〈七三五〉。）

註七五　政治主張請參考第四章內容。

註七六　遜志齋集卷一七尙志齋記〈四九七〉。

註七七　遜志齋集卷一七春風和氣堂記〈五〇五〉。

註七八　明儒學案師說方正學孝孺〈五〉。

註七九　明史卷一一六諸王列傳〈三五六二〉記載：「是時，帝念邊防甚，且欲諸子習兵事，諸王封幷塞居者皆預軍務。而晉、燕二王尤被重寄，數命將兵出塞及築城屯田。大將如宋國公馮勝、潁國公傅友德皆受節制。又詔二王，軍中事大者，方以聞。」又談遷國榷卷九：洪武二十五年正月，朱元璋諭令晉、燕、楚、湘諸王「歲訓將練兵，周視封疆，作軍器必精良，以固邊圉。」（鼎文書局，六七年七月）又參考黃彰健明清史研究論叢祖訓祿頒行年代並論明初封建諸王制度〈四二～四五〉，台灣商務，六九年九月。

註八〇　明史卷一四一列傳二九黃子澄〈四〇一五〉（鼎文新校本明史幷附編六種）。

註八一　明永樂實錄卷二。又諸王削廢情形可參考張奕善奪國後的明成祖與諸藩王關係考〈五二～五五〉，國立台灣大學文史哲學報第三一期〈四二〉，民國七一年十二月。

註八二　見谷應泰明史紀事本末卷一六燕王起兵〈一六四〉：戶部侍郎卓敬密奏曰：「燕王智慮絕人，酷類先帝。」（三民書局）。又商傳「靖難之役」前的燕王朱棣一文中有詳細的分析，中國社會科學院研究生院學報「試刊」，一九七九年一二月二〇日。

註八三　請參考朱鴻明惠帝的用人與政策，國立台灣師範大學歷史學報第十三期，〈六七～九一〉，民國七十四年六月。

註八四　參考單錦珩論「靖難之役」，浙江師範大學學報（社會科學版），一九八五年第四期（總第二六期）。又王崇武明靖難史事考證稿和奉天靖難記注，台聯國風出版社，六四年一月。

註八五　谷應泰明史紀事本末建文遜國卷一七〈一九七〉，三民書局，五八年四月。

註八六　明史卷一四一列傳二九方孝孺〈四〇一七〉。

註八七　明史紀事本末卷一八壬午殉難〈二〇六〉。

註八八　同註八六。孝友賦詩內容見明史紀事本末卷一八壬午殉難：阿兄何必淚潸潸，取義成仁在此間，華表柱頭千載後，旅魂依舊到家山。

註八九　大陸雜誌第二二卷第五期，沈剛伯方孝孺的政治學說，二〇年三月一五日。

註九〇　四部備要集部，中華書局據明刻本校刊方正學先生遜志齋集序，民國五四年出版。

註九一　中國時報，民國五〇年一月十二日，第二版。

註九二　中國歷代思想家第六冊方孝孺〈三六四七～三七八四〉，台灣商務書局。

註九三　方正學先生遜志齋集原序，清同志十二年浙江刊本。

註九四　同註五。

註九五　和刻本漢籍文集第十一輯〈四一九～五一八〉方正學文粹六卷，明方孝孺撰，村瀨誨輔編，古典研究會汲古發行社，一九七七年。

註九六　中央圖書館善本書室，明刊本，三異人文集之一。

註九七　黃宗羲明儒學案文正方正學先生孝孺（七三四）。

註九八　方正學先生遜志齋集，淸同治十二年浙江刊本。

註九九　遜志齋集卷一雜誡第三八章（五六）。

註一〇〇　遜志齋集卷一四（四三〇）。

註一〇一　欽定四庫全書總目提要卷一百七十遜志齋集二十四卷（內府藏本）。

註一〇二　遜志齋集卷一六默庵記（四六五）。

註一〇三　同註七八。

第三章　方孝孺的學術思想

第一節　明初的學術環境

歷代文學之所以變遷，係基於各具有其時代特性及歷史背景，和所以導致變遷的原因。蒙古暴政，逼使人心思漢，群雄蜂起，戰火連緜，殺人如麻，民不聊生。在這種惡劣環境下，朱元璋以仁義爲天下倡的作法（註一），適可以迎合時代潮流和久亂思治的人心。明初的學術思潮，就是順應這股歷史潮流，走向傳統的、復古的儒學傳承之中，並結合當時的學校教育和科舉制度，而形成了以傳統復古文化爲主的文學思潮。

一、復古的文化思潮

探究明初復古文化思潮形成的原因，約可分爲下面三個重要因素：㈠是順應歷史潮流，文學所展現出來的新風貌。㈡是帝王的提倡與獎掖，藉以維繫戰亂之後，初定天下的社會民心。㈢是學校和科學制度，把傳統文化與社會思潮更緊密的結合在一起。在這裡所謂的「復古」，基本上如同方孝孺在宋學士續文粹序中所說：

上方稽古，以新一代之耳目，正彝倫，復衣冠，制禮樂，立學校，凡先王之典多講行之。（註二）

從正彝倫，行先王之典出發，以傳統儒學的倫理道德爲思想核心，重血緣，崇宗法，講名份，別尊卑的「復古」，是更能直接爲封建制度思想奠基礎。事實上，傳統文化中的仁、義、禮、智、信暨孟子性善論等道德倫理觀念，確實可以沖淡政治、社會、經濟等問題，以治療歷史的傷口。現在我們試加以條分縷析，枝分節解，並舉例說明，供作參考。

(一)歷史洗禮與順應潮流

元朝末造，政治腐敗，吏治不彰，甚至連職司糾察百官的肅政廉訪使，也一一變成了搜刮銀鈔的市儈（註三）。元軍「所經之處，鷄犬一空，貨財俱盡」（註四），加上當時賦役繁重，上下交征利，以致民不聊生，盜賊四起。明太祖本紀說：

至正四年，旱蝗，大飢疫，當是時，元政不綱，盜賊四起，天下大亂。（註五）

於是全國到處揭竿而起的反元戰爭，加上天下群雄的互相攻伐，大大小小規模的戰鬥不斷，烽火連天。在這些天災、兵禍、戰火、苛政、暴虐交相混雜之下，最直接的受害者，就是那些無辜的父老百姓。長久戰亂以來，使得社會紊亂，經濟破產，土地荒蕪，到處滿目瘡痍。人民飽嚐戰火的威脅，顛沛流離，奔逃走避，於是激發出一種渴望英雄豪傑之士出來，統帥天下取而代之，以仁易暴，撥亂反治的心聲。所謂「時勢造英雄」，一批批拯救生民的英雄人物，也就如此這般地風雲際會，應運而生了。

同時，敏感的文學家們，爲了迎合時代潮流，就以這種久亂思治的社會民心爲基礎，寫出作品，來反映現實而悲苦的生活。最明顯的是他們的作品把推崇力挽狂瀾的英雄人物，褒獎仁義忠信的觀念和駁斥暴虐奸僞的思想，通通都融入歷史和民間傳奇的許多故事中，來表達百姓對善惡的鮮明態度，以及他們萬分企盼仁義之治暨太平盛世的來臨（註六）。而中國傳統文化中的儒學，又是以「仁」爲其思想核心，正符合當時的需要；在歷經暴亂、烽火蹂躪以及元朝苛政之後，它是具有絕對的吸引力，及開拓太平盛世的實用性。

這些都是由於動盪不安時代所特有的時代背景，促使文學家從事文學創作的風氣和觀念都在轉變，文學突破舊有的窠臼，走向社會化、多元化的方式，來適應新社會、新時代的需要。由於作家們大都經歷了社會的變革，豐富的人生閱歷，加上成熟的思想，他們非但具有時代的使命感、正義感，並且結合現實社會的需要，在作品中，對固有傳統文化再次肯定，並將它融入自己作品之中，使讀者能吸吮其菁華，使心靈得到應有的慰藉。那麼作家的作品，爲了順應歷史潮流，而不得不走向傳統復古的文化思潮之中加以突顯地表現出來，使人們含茹吸收，成就一股莫可抗逆的偉大力量。

(二)帝王提倡與官方獎勵

明初的學術，在明太祖朱元璋大力提倡下，更紮實了傳統文化的根柢，也穩固了新王朝的偉大基業。

朱元璋一向以漢高祖自我期許（註七），元運既隳，他憑藉豁達寬濶的胸襟，知人善用的手段，以傳統道德，不嗜殺掠的規範，到處收攬人心（註八）。只要每收復一塊土地，他就一定做到「告諭父老」，「安撫百姓」，「除元苛政」，「表旌忠義」，「徵禮賢士」，「謁孔子廟」等必要的工作（註九）；他善於推銷自己的理念，喚起民族自信心，終於能克敵制勝，平定天下。明朝建立後，他更積極的獎勵中國傳統文化，修明禮樂制度，設置收書監丞，搜集保存古今圖籍，請儒士講經史，論治道，並且強調六經爲聖賢之學的傳統文化觀念，做爲當時思想的主流。朱元璋曾對侍臣詹同等說：

三王五帝之書，不盡傳於世，故後世鮮知其行事。漢武帝購求遺書，六經始出，唐、虞、三代之治可得而見。武帝雄才大略，後世罕及，至表章六經，闡明聖賢之學，尤有功於後世。吾每於宮中，無事輒取孔子之言觀之，如「節用愛人，使民以時」，眞治國良規；孔子之言，誠萬世師也。（註一〇）

他基於漢武帝「罷黜百家，獨尊儒術」，恢復儒學之功，才能創太平盛世的史鑑，所以也積極提倡孔孟傳統道德思想，行仁政，教忠孝；凡此種種都是具有政治上的作用的。例如：他大興孝道以行養老之政的措施，從建國之初，一直到壽終正寢，都曾不遺餘力的去做好它（註一一）。這是他鼓勵實踐傳統儒家思想，行孝道的具體表現。究其根源，不外乎儒學思想是以仁爲中心，而仁則以孝弟爲本，所以論語學而篇說：

其爲人也孝弟，而好犯上者鮮矣。不好犯上，而好作亂者，未之有也。君子務本，本立而道生。孝弟也者，其爲仁之本與？（註一二）

其中「孝弟也者，其爲仁之本」和「其爲人也孝弟，而好犯上者鮮矣」二者，就是說明中國傳統倫理道德觀念的「孝」，是維繫太平盛世的命脈。所謂「大孝盡忠」，一個「孝」字，可以用來維繫上下代之間的血緣關係；一個「忠」字，又是用來維繫帝王和官吏之間的隸屬關係。而中國傳統文化道德觀念中的「五倫」更是層層約束中國人謹守本份的道德思想。所以太祖推崇孔子爲萬世師表，獎勵傳統文化，的確是他鞏固國家根基，使國家長治久安的最好保障。

其次，就是朱洪武知人善任的特點和獎掖人才的作法，不但爲他推動傳統文化加快了脚步，更爲他建國的基業打下了深厚的基礎。他不斷的獎勵、提拔、培養人才以爲己用，不惜禮賢下士，至正十九年攻下處州後，創建了「禮賢館」（註一三）。吳元年，他以幣帛徵求四方遺賢（註一四）。即帝位後的洪武元年，他徵召天下賢才，授給守令官職（註一五）。洪武二年，在宮中興建大本堂，收存古今圖籍，聘請各地名儒，以儒家經典教育諸皇子（註一六）。洪武六年，他更禮聘天下才德兼美，學問淵博的人，擔任六部要職。再令有關單位察舉賢才，以「德行爲本、文藝次之」（註一七），選賢舉能，以體現新政體求才若渴的精神，他說：

賢才，國之寶也。古聖王勞於求賢，若高宗之於傅說，文王之於呂尙。彼二君者，豈其智不足哉？顧皇皇於版築鼓刀之徒者，蓋賢才不備，不足以爲治。鴻鵠之能遠擧者，爲其有羽翼也；蛟龍之能騰躍者，爲其有鱗鬣也。人君之能致治者，爲其有賢人而爲之輔也。（註一八）

綜觀太祖對於中國歷代聖王的治道，以及傳統文化的魅力深具信心，瞭如指掌，並且能付諸實現。他崛起布衣，若不是憑藉著過人的智慧，深謀遠慮，豈能輕易登上衆所矚目的帝位？明太祖本紀贊記載：

> 太祖以聰明神武之資，抱濟世安民之志，乘時應運，豪傑景從。……而能禮致耆儒，考禮定樂，昭揭經義，尊崇正學，武定禍亂，文致太平，太祖實身兼之。（註一九）

明太祖愛好文藝，親近儒臣，在廿二史劄記明祖文義條中，有詳細的記載：

> 明太祖以遊丐起事，目不知書，然其後文學明達，博通古今，所傳御製集，英偉之氣，自不可掩。此固其聰明天亶，然亦勤于學問所致。（註二〇）

太祖從目不識丁，到博通古今，甚至自己作詩論文，若不是興趣使然，理應不致如此。在明史諸臣傳中，我們可以看得出他親近風雅（見桂彥良傳，註二一），熟悉史事（見劉基傳，註二二），留意經學（見錢宰傳，註二三），並且親自作詩（見李質傳，註二四）、製誥文（見劉仲質傳，註二五）等等，來表彰文義，也使得自己日積月累的努力成果，令人刮目相看。

在前面我們提到，太祖對於諸子的教育，可說是用盡苦心，並且親自爲他們選擇老師，教導他們學習儒家傳統道德思想，以及仁民愛物的政治理念，希望他們都能成爲卓然有成的繼承者。所以，明初的諸王皇儲，在老師的指導下，都很喜歡藝文活動，他們獎勵文學，優渥作者，而其中擅長詩文、戲曲的也不在少數。例如寧獻王朱權，有作品寧國儀範、漢唐祕史、史斷、文譜、詩譜等等，以及其它著述數十種，尤其是他所寫的太和正音譜，至今仍被人稱頌不已（註二六）。又周定王朱橚善長詞賦，有作品元宮詞百章；他覺得國土荒曠，就把可以充飢的草木植物四百多種，都繪成圖案，教人識刊，定名救荒本草（註二七）。他的兒子周憲王朱有燉，更是學識淵博，他以皇族身分領導劇壇，作品有散曲誠齋樂府及雜劇三十一種（註二八）。還有文武雙全的湘獻王朱柏，「性嗜學，讀書每至夜分，善弓矢刀槊，馳馬若飛」（註二九）。

當時的文學，因爲貴族國戚的提倡和愛好，一時幕客文人，投其所好，文學就完全走入宮廷藩邸，爲貴族服務，變成歌功頌德，點綴太平盛世，宣揚封建倫理，說忠勸孝等題材爲主的貴族文學。這一類的作品，所表現出來的傳統思想，實際上是爲了配合封建制度下，統治者的實際需要作的。而且，當時的士林風尚，因爲無法跳出前人的窠臼，像詩文這類舊體文學，就形成一股擬古主義的風潮。明初文臣之首的宋濂，他的作品就代表雍容典雅，歌頌皇恩，應詔酬答「台閣體」的先趨（註三○），文學在貴族化的文藝場打轉兒，所以，明初的學術思潮走向復古的學術領域之中，帝王的提倡和獎勵，應居首功，是無庸置疑的。

㈢學校教育與科學制度的結合

明太祖實錄記載：

太祖謂中書省臣曰：「大學育賢之地，所以興禮樂，明教化，賢人君子之所自出，古之帝王建

國，君民以此爲重。」（註三一）

明代建國之初，百廢待舉，太祖爲了培養人才，打破傳統階級、種族觀念，普遍設立學校。洪武二年，太祖籌建國學，感慨的對中書省臣子說：

兵變以來，人習戰爭，惟知干戈，莫識俎豆。朕惟治國以教化爲先，教化以學校爲本。京師雖有太學，而天下學校未興。宜令郡縣皆立學校，延師儒，授生徒，講論聖道，使人日漸月化，以復先王之舊。（註三二）

於是天下郡縣普遍興建學校，府設教授，州設學正，縣設教諭，以「講聖道」來恢復「先王之舊」，使得明朝地方學校教育，比以前任何一個朝代來得普及。而那時學校生員專修一經，以禮、樂、射、御、書、數，設科分教，考試時「以四書一道，二百字以上。經義一道，三百字以上。取書旨明晳而已，不尚華采也。」（註三三）而國子學學習的內容是四子本經外，兼及劉向說苑及律令、書、數、御製大誥（註三四）。試從學校教育的內容，可以想見當時儒學被執政者重視的程度。方孝孺說：

聖天子受命，作四海九州主，神武既昭，大敷文治，閔前代習俗陋而事功卑也。建學樹師，更定制度，聚俊茂之才，而作新之，復設科目登進其賢能，以備任使。（註三五）

明朝學校與科舉制度是互相配合，結爲一體的。選舉志說：

明制，科目爲盛，卿相皆由此出，學校則儲才以應科目者也。其徑由學校通籍者，亦科目之亞也。……科舉必由學校。（註三六）

這也就是說，凡是參加科舉的人，必須自學校出身，所以歷科進士大都出自太學。而明朝的考試制度，沿襲唐、宋舊制，分爲鄉試、會試、殿試三種。鄉試之前，先經過童試，童生考試入學後稱爲生員，也就是一般所謂的「秀才」。生員成績優秀的可以參加鄉試，鄉試三年舉行一次，時間在秋八月，及格的人稱爲「舉人」，當選舉人後，就可以出仕爲官。鄉試後第二年春天，參加禮部會試，考取會試後的同年，就可以參加天子親策，稱爲「殿試」或「廷試」（註三七）。

至於考試的內容，在明史選舉志中是這樣記載的：

科目者，沿唐、宋之舊，而稍變其試士之法，專取四子書及易、書、詩、春秋、禮記五經命題試士。蓋太祖與劉基所定。其文略仿宋經義，然代古人語氣爲之，體用排偶，謂之八股，通謂之制義。（註三八）

這就是說，當時考試命題的特點是：專取四書、五經的內容爲題。參加考試的人，如果採用排偶的方式作答，稱爲「八股」。所謂八股文，就是將全文分爲八段，分別爲「破題」、「承題」、「起講」、「提比」、「虛比」、「中比」、「後比」、「大結」。體用排偶，中間的四段正文，每段有兩股對偶的文字，字數也有限制。八股文的形式千篇一律，從文章的結構、作法、氣勢等，都有一定的程式。其它作答的方式，通稱爲「制義」；制義最初的用意是鼓勵大家，學習「聖人言行」而設立的。參加考試的人，把四書、五經裏的文義，加以發揮，用古人語氣「代聖人立言」。在選舉志中對考試的方式，有詳細的說明：

> 頒科舉定式，初場試四書義三道，經義四道。四書主朱子集註，易主程傳、朱子本義，書主蔡氏傳及古註疏，詩主朱子集傳，春秋主左氏、公羊、穀梁三傳及胡安國、張洽傳，禮記主古註疏。二場試論一道，判五道，詔、誥、表、內科一道。三場試經、史、時務策五道。（註三九）

凡是參加考試的人，一定要用程、朱學派的註疏爲依據，經過三場考試，才能評定高下。

明代專用經義做爲考試的內容，實在是因爲太祖重視宋儒朱、陸等學行，以及爲了發揚傳統儒學所做的努力。不過明初的考試，並未限制全用八股文，但到後來愈演愈烈，變成全面性規定體制，限定字數，使得文章氣勢和思想完全受到束縛，拘囿在四書、五經的小範圍中，文學發展自然受到阻礙。像這樣的惡果，是明太祖始料未及的。在這種制度下，培養出來的是一批頭腦簡單，脫離現實生活的儒生，連一向主張宗經的宋濂，也不禁對這些迂儒搖頭嘆息的批評道：

> 自貢舉法行，學者知以摘經擬題爲志，其所最切者，惟四子一經之箋，是鑽是窺，餘則漫不加省，與之交談，兩目瞪然視，舌木強不能對。（註四〇）

所以，我們可以說，明初推行科舉制度下的八股制義，把加強對知識份子的思想控制，和功名利祿結合，熱衷追求功名富貴的儒生意識，使得一般讀書人都埋首在傳統儒學的四書、五經擬題中鑽研，狙絕從事文藝創作的泉源，無形中却滙成一股強大的推動力，使得古典文學在明初蔚爲風氣，形成學術的主流。

二、經世致用的文風

就明初作家所表現的風格而言，它是以我國固有傳統文化，上承堯、舜、禹、湯、文、武、周公、孔子等儒家一貫的道統，繼以詩、書、禮、樂、易、春秋等聖人經典爲根本，講究禮義、道德、政教，並以儒家積極用世的精神，表現出務實通達，反映現實的古典文學活動。這種以傳統文化爲背景，而又講求實際的士林風尚，除了政治因素的箝制外，在當時所呈現的新風貌，是經世致用的主張和學古達今的特色。

㈠受文字獄的箝制

明初對於文學影響最直接的，恐怕是聳人聽聞的文字獄了。因爲朱元璋在實際戰爭經驗中，瞭解除了武力外，沒有文學、政教來收攬人心，根本無法統一天下。所以，他禮遇儒生，在攻取金華後，聘請劉基、宋濂、章溢、葉琛等人在軍中運籌帷幄，朝夕討論，並且徵求各地名儒學士，講授學問，探究古今，談經論史，共謀計策。不過數年工夫，他自己也能明達義理，融合貫通，甚至自己作詩論文（註四一）。廿二史劄記明祖文義中也談到：

> 古來帝王深通文義者，代不數人。況帝（珠案指朱元璋）自幼未嘗讀書，長於戎馬間，又未暇從事佔畢，乃勤於學業，遂能貫通如此，固命世雄才之一端哉！（註四二）

雖然說他雄才大略，稟賦異常，但是學問終究缺乏根柢。至於他在「文章字句」中捕風捉影，疑神疑鬼，釀成一次又一次荒謬的文字獄；深究其中的原委，不難發現，朱元璋自幼沒有讀過什麼書，又曾經淪落爲僧侶，到處乞食。雖然他藉著超人的智慧和知人善用的政治手腕，配合當時的革命情勢，奮起閭閻，登上帝位，但是由於他的出生和經歷，養成他自卑甚重，苛刻多疑的個性。他主觀的認爲文人性情喜歡諷喻，自己坎坷的過去，卑微的家世，一定是作家筆下的笑柄或題材。於是民間的歌謠，市井的耳語，變成他心中的陰影，加上他想控制文士的思想，壓制反動文字與輿論等政治因素作祟，於是在字裏行間，尋找蛛絲馬跡，「文字之禍」就這樣莫名其妙地接二連三的發生。

據閒中今古錄上記載有關「文字獄」的資料有二則：一是杭州教授徐一夔作賀表，其中有「光天之下，天生聖人，爲世作則」三句，太祖一見大怒道：「生者，僧也，以我嘗爲僧也。光，則薙髮也。則字，音近賊也。」於是把他殺了，自己做賀表公諸天下。二是有僧人作謝恩詩，文中有「殊域」二字和「自慚無德頌陶唐」的句子，太祖認爲「殊」字，是罵「歹朱」的合文，「無德頌陶唐」是影射自己無德於天下，也把他殺了（註四三）。在二史劄記明初文字之禍中說：

> 明祖通文義，固屬天縱。然其初學問未深，往往以文字疑誤殺人，亦已不少。朝野異聞錄：三司衞所進表箋，皆令教官爲之。當時以嫌疑見法者，浙江府學教授林元亮，爲海門衞作謝增俸表，以表內「作則垂憲」誅；北平府學訓導趙伯寧爲都司，作萬壽表以「垂子孫而作則」誅；福州府學訓導林伯璟爲按察使撰賀冬表，以「儀則天下」誅；桂林府學訓導蔣質，爲布按作正旦賀表，以「建中作則」誅；常州府學訓導蔣鎮，爲本府作正旦賀表，以「睿性生知」誅；澧州學正孟清，爲本府作賀冬表，以「聖德作則」誅；陳州學訓導周冕，爲本州作萬壽表，以「壽域千秋」誅；懷慶府學訓導呂睿，爲本府作謝賜馬表，以「遙瞻帝扉」誅；祥符縣學教諭賈翥，

爲本縣作正旦賀表，以「取法象魏」誅；亳州訓導林雲，爲本府作謝東宮賜宴箋，以「式君父以班爵錄」誅；尉氏縣教諭許元，爲本府作萬壽賀表，以「體乾法坤，藻飾太平」誅；德安府學訓導吳憲，爲本府作賀立太孫表，以「永紹億年，天下有道，望拜青門」誅。蓋「則」音嫌於「賊」也，「生知」嫌於「僧」也，「帝扉」嫌於「帝非」也，「法坤」嫌於「髮髡」也，「有道」嫌於「有盜」也，「藻飾太平」嫌於「早失太平也」。（註四四）

類似這樣的案例，不勝枚擧。另外，他懷疑少年詩人高啓，作詩諷刺他，而記恨在心，後來却因蘇州知府魏觀撰上梁文，而被腰斬（註四五）。所以，我們把當時因爲文字賈禍而遭誅戮的情形，通通稱爲「文字獄」。

在這樣的環境下，惟恐因一言而遭殺身之禍，作家們背負著沈重的枷鎖，步履蹣跚，文學走向擬古的八股文和歌功頌德的貴族文學之中，自然形成一股擬古避嫌的風氣。

(二)經世致用的主張

明初，由於動亂方歇，政治、經濟、社會型態都在調整，文學家們爲了展現自己的人生觀與價値觀，配合新時代的需要，都走向講究務實、經世致用的途徑。文學思想表現出傳統文學的風貌，而文學作品大都是以經世致用爲主的生活寫照。明史文苑傳序說：

明初文學之士，承元季虞（集）、柳（貫）、黃（溍）、吳（萊）之後，師友講貫，學有本原。宋濂、王褘、方孝孺以文雄，高（啓）、楊（基）、張（羽）、徐（賁）、袁凱以詩著。其

它勝代遺逸，風流標映，不可指數，蓋蔚然盛已。（註四六）

在這些文學家中，宋濂是明初大儒，又是開國名臣，他本著儒家傳統思想，表現出既崇尚倫理道德，又推崇事功的實用人生哲學。在七儒解中，宋濂認為孔子是「道德之儒」，也是「千萬世之所宗」，他就是要實踐孔子學說的「五德」和「五倫」，藉以達到身修、家齊、國治、天下平的理想。他一再讚嘆的說：「我所願則學孔子也。」（註四七）由此觀之，就是表明他自己積極入世的儒家思想。而在送從弟景清還潛溪序中，他以「有用之學，達則行道，不達則明道」的想法，清楚地說明他個人明道致用的人生哲學。他認為：

必也學為聖賢有用之學。達，則為公為卿，使斯道行；不達，則為師為友，使斯道明。如此而後庶幾也。（註四八）

他教導子弟，主張「眞儒在用世」（註四九）的理念，而他自己更是竭盡心力，輔俗化民，來實踐儒家的政教理想，正符合他既重實際，又重理論的見解。他在送翁好古教授廣州序中說：

今我皇明一遵三代為治，初入小學，習以禮、樂、射、數，及升大學，則明修己、治人之道。（註五〇）

他所說的「習以禮樂射數」，是重實際的應用，是政治家的見解；而「明修己治人之道」，是重理論的修己哲學，是文學家的風範。他使理論與實際合而為一，兼容並蓄，實在是繼承了呂學統緒（註五一）。他自己在思媺人辭一文中，也表明要接下「呂祖謙中原文獻之傳」（註五二）的重擔。所以全祖望在同谷三先生書院記一文分析朱、陸、呂三家之學時說：

宋乾淳以後，學派分而爲三，朱學也、呂學也、陸學也……朱學以格物致知，陸學以明心，呂學則兼取其長，而復以中原文獻之統潤色之。（註五三）

因此，宋濂能夠成爲時代思想的代表者，也是文學界的領袖，乃是基於他在明代文學史上有承先啓後的重要地位。以他這樣的學統地位，又正逢元運告終，政治上起了大變革，他所發動的復古思想和明道致用的文風，當然就乘勢而起，蓬勃的發展起來了。

由於這個時期的文學藝術呈現出新的氣象，它的基本特點是改變元末文學創作的貧乏，而傾向崇尚質樸自然，遒勁奔放，雄渾豪健的風格（註五四）。這是由於作家對以漢族爲主體的新建王朝，表現出歌頌錦繡山河的統一，抒發民族自信心的熱情和幻想所致，大家雀躍欲試，冀望學以致用，一展身手，所以作家們都主張經世致用以迎合時代的需要。

㈢學古達世的特色

這一時期的文學，還表現出另一個重要的特徵，就是文學形式的多樣化。因爲現實生活動盪、複雜而又多變化，文學爲了適應時代的需要，在文學形式上和文體改革上，都有極大的進展和變化，而「學古達世」就是它們的特色。例如：章回小說的產生和南戲、傳奇、劇本的勃興，它除了顯示我國古典小說又發展到一個嶄新的階段，淺易的白話文學漸趨成熟，有了新的風貌。又作家們運用小說的技巧，把當時社會意識，現實生活，民族風格配合歷史故事，用白話文的小說形式，充分地表現出來，

使得文學走入現實生活，以平易近人的方式來表達。（註五五）

總而言之，在明初由於時代精神的激盪，文學發展和傳統文化的交互作用暨彼此影響下，作家歷經時代的巨變，觀察力和生活閱歷都比較深刻，作品的內容豐富而有深度，爲了發揮理想，無論在樂府、歌行、古體、近體詩、寓言、人物傳記、小說、戲曲等多種文學領域中，都產生一批優秀的作品。作家們把傳統復古思想，結合理學程、朱舊說，以及革新務實的理想，全部溶入自己的作品，使得文學像初春璀燦的花朵，紛紛爭妍鬥艷，大放異彩。所以，黃宗羲在明文案序上說：

有明之文，莫盛於國初。

然而，由於明太祖專制獨裁的作風，伴隨而來的文字獄、八股制義等政治箝制，使得文學附庸封建制度的需求，以擬古的文化走向，大肆宣揚政教。而這時期的代表作家像方孝孺，也以「明王道，致太平」，宣揚維護封建倫理的儒家正統文學觀爲宗旨，他說：

仁、義、禮、樂，治天下之器；……三代聖人之用此器也，驗之於身而誠，推之於家而和，然後發之於政教。故人之從之者，信而化之也。今皇上有意崇古之治，立學校以造海內之士。歲擇其良，納之太學以教之，以備公卿大夫之選，猶古之制也。於是太學之秀，皆奮然磨礪其器以致用。（註五六）

他又說：

學古而不達當世之事，鄙木之士也。（註五七）

由此可見，他以「學古達世」和「學以致用」的主張，繼續傳統文化的統緒。又如功績顯赫，文名卓著的劉基，他不但是一位以詩聞名的文學家，更是一位講究實際作爲的政治家、戰略家。他指出傳統詩歌的任務和作用，就是表達人民生活的感情和政治、社會多方面的現實情況，由此反映出社會風俗和政治治亂，這才有益於世教。而他的作品二鬼詩，就是以神話的筆法，表現出作者要重整乾坤的願望和才華（註五八）。此外，琵琶記的作者高啓，他主張文學作品一定要合乎教化的功用，重視倫理思想、社會問題，他並以文學作品當作贖世濟人的工具（註五九）。而在文學理論上，他強調摹擬，注重風格，以「兼師衆長，隨事摹擬，待其時至心融，渾然自成」（註六〇）的方法，開啓擬古主義的風氣。

總而言之，明初的作家，以作品眞實的反映時代的現實生活，使得作品內容包羅萬象，極富變化。他們從事以「復古」、「經世致用」、「學古達世」等爲目標的文學創作，不但拓展了作家的新觀念，更增強了他們對民族、社會的責任感。這些特色和風格，使得明初的學術思潮是復古的、擬古的、務實的，這是研究方孝孺學術思想，不可不知道的癥結所在。

第二節　方孝孺的學術思想

一、治學態度與方法

在討論孝孺文學主張之前，我們應該先了解孝孺的治學態度和治學方法。孝孺治學嚴謹，識見卓邁，他以孔孟爲師，昌明正學，言行力求實踐程、朱理學，以恢復三代聖學，而卓然有成。現在分別將孝孺的治學態度和治學方法論述如后。

㈠治學態度

孝孺自幼即好學不倦，以聖賢自許，他在後樂齋記中說：

> 余少時誦范文正公之言，而慕其爲人，以爲賢者固當如是。（註六一）

范仲淹以「先天下之憂而憂，後天下之樂而樂」的先憂後樂胸懷憂民憂時，是孝孺所效法的。他也曾自比周公、孔子、顏子、孟子四君子（註六二），他說：

> 孔子、顏、孟皆匹夫也，而或自比文王，或謂舜可得而及，或羞比伯夷、伊尹，其所志如此，自視其身何如哉！（註六三）

又說：

> 竊少之從總角，輒自奮懲，以爲雖不易至孔子堂奧，而顏、孟之事，皆在所願學者。苟循其路而望其廬，烏有不至哉？（註六四）

由此觀之，立志是多麼的重要，對個人而言，生命的意義不應該只是口體之適，也不是要做什麼震乾坤，薄日月的大事，最重要的是在立志、窮理、盡性三方面用心盡力而已。孝孺說：

> 天之生身也，豈特養夫區區之口體至死而已哉？亦將以輔天地所不及，而助之養斯民耳。（註六

五）

又說：

> 天下之事無難易，惟自以爲不足者，所爲必有成，而自以爲已至者，恒不能進乎道。……爲學而自足，必不能至乎聖賢之域。……顏子曰：「舜何人也，有爲者亦若是。」（註六六）

立志是人生的起點，孝孺說：

> 有志者，行事當洞達如日月，所持既定，以此而始，以此而終，以此而富貴，以此而貧賤，憂喜禍福付之於天，何必較哉！（註六七）

孝孺的立志說是如此的豁達，是如此的堅毅，亦是如此的崇高，正是今人所當效法的對象。志向既定，孝孺在歷經動亂、貧病中，依然恪遵正學之途，以達到聖人的境界。他努力治學，以古爲師，又惟恐學不逮古，深以爲憂，他說：

> 古學務實，體立用隨，始諸身心，驗於設施。……王者之學，以古爲師，窮理正心，固守勇爲。法堯爲仁，法舜盡孝，視民如傷，文王是效，簡册所陳，善政嘉猷，取之自治，奚假外求。（註六八）

但他並非一味法古而無所取捨，他覺得法古最重要的是能「取善、師誠」而已，他說：

> 君子之學，取其善，不究其人，師其道不計其時，善誠足稱也。其人雖非聖賢，不知其爲不可也，取其善而已。道誠足師也，其人雖生於吾同時，居與吾同巷，不以其易見而遺之也，師其

道而已。天下之善一也，古與今之道均也。（註六九）

至於他所謂的稽古精神，也就是他治學一私不苟，實事求是的態度，是謹愼而縝密的。他認爲任何事必須執著在「始於有疑，而終於無所疑者，善學者也。」（註七〇）的理念上。此外，孝孺最酷愛周禮一書，他在周禮辨疑中說明疑古精神的意義所在，他說：

周禮余之所最好，而疑之爲尤甚。蓋好其出於古，愛其爲先王之制，而惜其或失先王之意也，故求之也詳，味之也深，於其有可疑者，不得不爲之辨也。（註七一）

所以他舉出孔子作春秋意在「多聞闕疑」（註七二），以及孟子於武成，只參考其中的兩三册（註七三）的例子，說明任何書籍不可以盡信，一定要廣泛的考證，仔細的審辨再三，來辨別眞僞，然後才有益於學問，他說：

凡論往昔之事，遠則求諸簡册，近則驗諸見聞。得於見聞者易習，而徵諸簡册者易忘，……故常人遵近而忽遠也。某則不然，考其言以求其心，計其功以較其才，視其所處之難易，而參其成敗。前人以爲然，不敢遽以爲然也，必詳察焉；前人以爲否，未敢遂否之也，必加詳察焉。（註七四）

他並提出辨僞的三個方法，他說：

辨之法有三：味其辭，以望其世之先後；正其名，以求其事之是非；質諸道，以索其旨之淺深，而眞僞無所匿。（註七五）

孝孺的治學態度，不論在復古、好古、稽古、法古等方面，都不餘遺力，全力以赴。我們從他對「學習」的定義，以及他治學的精神，就更可以了解孝孺的人品與風骨。他在務學一文中說：

學者，君子之先務也。……故學將以學爲人也，將以學事人也，將以學治人也，將以矯偏邪而復於正也。……夫學，非爲華寵名誉爵祿也，復其性，盡人之道。……人之爲學，所以自異於物也。匪特異於物，欲異於衆人也；匪特異於衆人，上將合乎天地，拔乎庶類之上，而爲後世之則也。（註七六）

這種由矯正偏邪，使人歸於正道，而免淪於與禽獸、物類相似，然後力爭上游成爲聖賢的學習歷程，就是孝孺身爲一個教育家的告白。所謂「異於物」，孝孺是這樣解釋的：

人之異於物者，以其知本也。其所以知本者，以其禮義之性，根於天，備於心。（註七七）

想要異於衆人，只有本著好學不倦，無所不學的學習態度，才能出類拔萃，出人頭地，他說：

古之君子，德業赫赫著于天下，流於後世者，豈特天質之美哉？蓋其操志也，不畫於卑近，其爲學也，不安於淺陋。平居無事，固無時而不學，及乎臨政、事君、聽訟、接下、御家、睦親、教人、授業、行師、奉祭以至遊息寢處，燕語步趨，亦無一事之非學。惟其爲學之心，常存而不怠。（註七八）

像這種「爲學之心常存而不怠」的理念，正是孝孺一生治學精神的寫照。他認爲一個人，惟有活到老，學到老，才能除舊佈新，日新又新，所以他強調學習就好比「飢而食，寒著衣」，「學者所以學，盡其性而已」（註七九）。又說：

君子之學聖賢，務乎道德之同，而不貴夫名字之類。……苟終身習焉而不止，其爲君子也。（註八〇）

最後，孝孺將「善學者」比喻爲地卑、量有容、源深且遠的大海，而加以讚歎的說：

歉然而若虛，凝然而若愚，戚戚焉如恐不及。（註八一）

來表明自己「如恐不及」的學習心境。

由以上各項論述可知，方孝孺治學是以審愼的態度，無所不學、無時不學的好學精神，虛懷若谷、有容乃大的胸襟以及「於萬物之理無不窮，衆理之變無不察」（註八二）深思博考的科學理念，而成就爲姚廣孝所羨稱「讀書種子」的美譽。

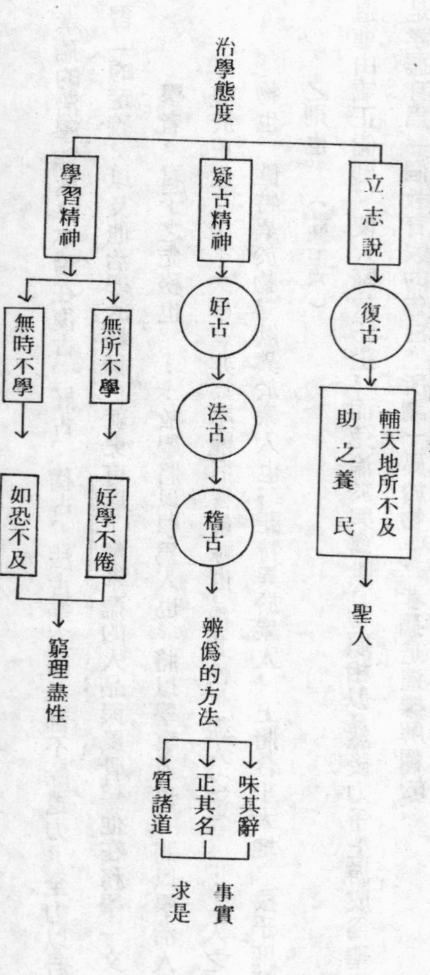

(二)治學方法

方孝孺爲一代宗師，他教育子弟，孜孜不倦，即使在貧困中，仍津津樂道。他在贈趙教諭序中說：

不知者謂仕莫易於教官，知者則謂其職爲最難。（註八三）

在這篇文章中，他強調「師教」應以身作則，勉勵別人時，必須先自我期許；責備別人時，事先反求諸己，自我檢討自己的德性是否足以使人信服。在送盧尚紱序文中，他說明教師的職責所在，他說：

古人所謂師云者，非止治經爲文而已也。蓋有道德之憲，政事之傳，其本乎正身以率之，而不在法制規約之淺也。（註八四）

在送李生序文中說：

古之育才者，不求其多才而惟養其氣，培之以道德而使之純，厲之以行義而使之高，節之以禮而使之不亂，薰之以樂而使之成化。及其氣充而才達，惟其所用而無不能加之；以天下之大事而不勞優之，於廟堂之上而不變窮之，於荒陬陋巷而不憂其中，有所受而然也。故惟有所受者，然後能有所爲，辟之大海然，百川之灌，千載之積，受之而不辭，然後能涵萬彙，載舟楫而不難。汙潢之水，一葉加之則勝浮之，以杯則沈矣。故君子貴乎有養也。（註八五）

孝孺認爲「學貴養氣」，所謂「氣充則道德純、行義高、禮有節度、樂以成化」。也正如此，才能有所擔當而成爲一個頂天立地的正人君子。

至於談到學習的方法，他主張循序漸近，由內而外，由小而大，由近而遠，他說：

夫儒者之道，內有父子、君臣，親親長幼之倫，外有詩、書、禮、樂、制度、文章之美。大而以之治天下，小而以之治一家，秩然而有其法，沛然其無待於外。近之於復性正心，廣之於格物窮理，以至於推道之原，而至於命，循物之則，而達諸天。其事要而不煩，其說實而不誣。君子由之，則至於聖賢，衆人學之，則至於君子。（註八六）

這就是衆人學而爲君子，君子學而爲聖賢的學習歷程，他又說：

有一言而可以行於身，充諸家，推之蓋乎天下，非士不足以知之，非君子不足以至之，非聖賢不足以盡之者，其惟善也。（註八七）

「學，始於善；而終於善言、善行、善政。」這是孝孺治學方法的基本主張：學由「善」出發，而止於至善。在贈周履素序一文中，他說：

聖人之道，雖高深博大，然其要，不過乎修己以治人。始於掃灑、唯諾之微，而終於盡性、知命；遠至於五禮、六樂，萬物之統，萬事之變，無所不究；而近即乎彝倫之序，不失其常，既有得乎此，其推之爲政教，宣之於言語，以用乎國家天下。（註八八）

簡單的說，學習的最終目標在盡人之性，在學以致用。所以孝孺在務學一文中，提出自己的教學方法是：

方氏之學，以行爲本，以窮理誠身爲要，以禮樂、政教爲用，因人以爲教，而不強人所不能，師古以爲制，而不違時所不可。（註八九）

又說：

古之善育才者，能使人以不成才為病，不若人為恥，各思勉為君子而不可止也。（註九〇）

孝孺因材施教，主張學習應以力行為根本，以不達到聖賢君子的境界，絕不可以終止。他又訂定為學的次第，分為小學、大學兩方面，他說：

小學曰：七歲而學，訓之孝弟，以端其本；訓之歌謠諷諭之切乎理者，以發其知。群居而訓之和，賜之以物而導之讓，愼施朴楚，以養其恥。敏者守之以重默，木者開之以英慧，柔者作之，強者抑之、扶之、植之、摧之、激之，而童子之質成矣。大學曰：立四教，皆本於行，行不修者不與。一曰道術，二曰政事，三曰治經，四曰文藝……。（註九一）

又說：

先之大學，以正其本；次之孟軻之書，以振其氣；則之論語，以觀其中；約之中庸，以逢其原；然後六經有所措矣。博之諸子以覩其辨；索之史記，以責其效；歸之伊、洛、關、閩之說，以定其是非，既不謬矣。參天下之理以明之，察生民之利害以凝之。踐之於身，欲其實也；措之於家，欲其當也；內燭之於性，欲其無不知也。外困辱而勞挫之。欲其著而不懈，畜而愈堅也。夫如是，學之要，庶幾乎得矣。（註九二）

這是他對學習方法的理念。他認為小學教的是「端其本、發其智、養其恥」的觀念，來端正人的本質。大學教的是「道術、政事、治經、文藝」的實務，以有用於社會國家。孟子曰：「誦其詩，讀其書，不知其人可乎？」（註九三）由以上各篇文章中，我們不難發現，孝孺以力行爲本的治學方法，以及「始於通萬物之理，而終於盡性知命；始於正身及家，而終於仁民育物」（註九四）的務實理念，確實直接影響他從事文學創作的主張。也是他歷經滄海桑田的人生歷練後，在「教與學」的互相作用下，所領悟出的豁達觀念。例如：他以身教爲治學的首要條件，主張治學應以身作則，教導學生以循序漸近的方式，由淺入深的去學習，以達到至善的境界。這種教育理念和治學方法，正是孝孺成爲一代宗師眞正的原因。茲將孝孺的治學方法，圖解如下，以供參考：

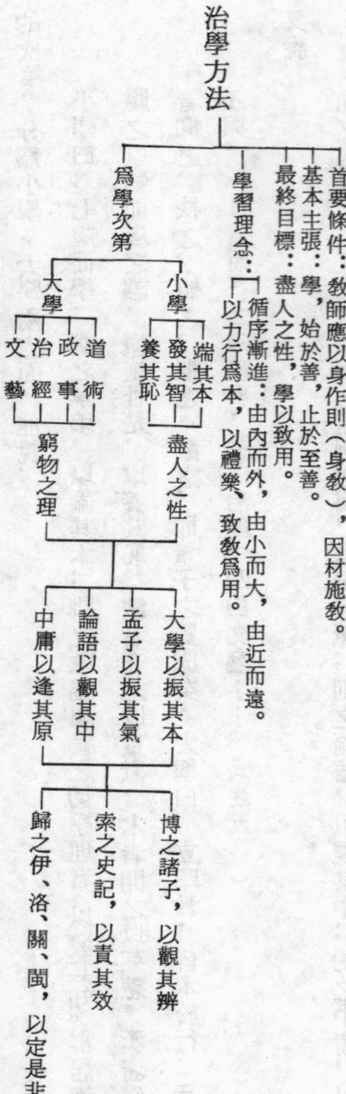

二、思想體系

我們在前面談過方孝孺思想的淵源，是得自宋濂之學和克勤公之教。他尊儒崇孔，對於儒家經典無所不通，所以黃孔昭在新刊遜志齋集後序中說，孝孺之學就是孔孟之學，而遜志齋集的內容，就是在闡揚復古、傳統的儒學精神。在這裏首先要說明的是孝孺心目中所謂的「儒」，他說：

> 儒者之道，大之無不該，細之無所遺，近不以爲易而不舉，遠不以爲迂而不爲，固無有不達乎世務。（註九五）

其次，是他對「復古之道」的詮釋。孝孺所謂的復古之道，就是恢復三代聖人的治道。是那些治道呢？歸納其意，不外乎以下三點主張：

㈠三代聖人治理天下，不肯殺一不辜，行一非義，更不敢捨棄仁、義、禮、樂。（註九六）例如：舜「大孝尊親」，禹「思天下有溺者，猶己溺之」，稷「思天下有饑者，猶己饑之」（註九七）的仁義胸懷。

㈡聖人之道，簡單的說，就是周禮上所記載的「正德、利用、厚生」三件事。所謂「民無以養生，則死；無以致用，則勞；無能正於其德，則愚。」（註九八）這也正是聖人治理天下的不二法則。

㈢先王之治，就是使天下民物，各循其性，不擾其時。（註九九）

所以，我們讀完遜志齋集，就可以了解方孝孺的思想體系是如何承續儒家傳統文化，堯、舜、禹、湯、文、武、周公、孔子、孟子等一脈相傳的道統，再旁通宋君子周、程、張、邵、朱子等人的理學思想，而將理學精神加以充分發揮光大的醇儒。正如王可大在重刻正學先生文集敍中所說：

> 先生以講明道學爲己任，以振作綱常爲己責，以繼往緒，開來學爲己事，以輔君德，起民瘼爲己業。

本文試就六經、孔孟、理學三方面，來剖析方氏的思想體系，或可了解他的思想架構及其人生理念。

方孝孺師事宋濂，所以他的思想受到老師的潛移默化，宋濂主張復古，復古最重要的首在「尊經」，他在六經論中說：

㈠以六經爲根柢

六經皆心學也，心中之理無不具，故六經之言無不該，六經所以筆吾心之理者也。……經有顯晦，心無古今。（註一〇〇）

所以，孝孺論「經」時，曾說：

聖人之言不可及，上足以發天地之心，次足以道性命之源，陳治亂之理，而可法於天下後世，垂之愈久而無弊，是故謂之經。（註一〇一）

又說：

蓋聖人之大者，上莫過於堯、舜、禹、湯、文、武，下莫加於周公、孔子，而此八聖人之言行文章，具在六經。……苟熟乎六經，則於道無所疑。道明，則天下之事無難言者。（註一〇二）

這也就是說，「經」的產生是因爲「聖人思己之身不能常存，以淑來世，故載其所言所行者，使人取法焉。」（註一〇三）他又強調「經」的功用是記載聖人言行，是修身治人，是明道的重要著作。所以，孝孺說：「六經非聖人之私言，乃天之理也。」（註一〇四）聖人作經的用意，就是教人「擴乎天命之微以盡性，篤乎天倫之序以盡道，明乎經之大用，以誠其身，以及乎人。」（註一〇五）他更進一步的闡明經書的價値時說：

五經者，天地之心也，三才之紀也，道德之本也。……學諸易，以通陰陽之故，性命之理。學之詩，以求事物之情，倫理之懿。學之禮，以識中和之極，節文之變。學之書，以達治亂之由，政事之序。學之春秋，以參天人之際，君臣華夷之分。（註一〇六）

在石鏡精舍記中說：

古者以治經與否，觀國之興廢也。（註一〇七）

由此觀之，六經影響所及，小至個人修身，其次推己及人兼善天下，甚至關乎國之興廢。因此，六經是一切學問的基礎，它既折衷聖哲之道，又稽纘古今之法，內容博大精深，所以孝孺在答胡懷秀才一文中說：

篤信六經，有所爲也，以之爲權衡；有所疑也，以之爲蓍龜。（註一〇八）

由此可知，孝孺奉六經爲圭臬，他的思想體系，是以六經爲根柢，誠無庸置疑的。

(二)以孔孟爲依據

方孝孺一生的職志，都是在發揚孔孟學說。他在任重齋記中說：

古之制，莫善乎文、武、周公，文、武、周公之道，莫備於孔子。孔子之車，以仁義爲輪轂，以禮樂爲蓋軫，膏之以詩書，澤之以忠恕。其動如天，其靜如地，運行如陰陽，周通不窮如鬼神，其所任之重者，文、武、周公之道也。（註一〇九）

在讀荀子一文中，又說：

周衰，先王之遺言大法，漫滅浸微，孔子出而修之，斯道皎然復章，聖人之業煥然，與天地同功。……孟子生乎其時，懼聖人之道敗壞於邪說，乃敷揚孔子之意而攻黜之，然後復定。（註一一〇）

在孝孺的心目中，他對周公、孔子、顏子、孟子推崇備至，他主張「爲人不學孔、顏之學，則不足以爲人。」（註一一一）又說：「源乎周公、孔子之道，則固終身資之而無窮，用之生民而有餘矣，苟他求焉。」（註一一二）所以，孝孺在議論文章時，都是以孔孟思想爲依據的。讀他的遜志齋集二十四卷，其中引述孔子或孟子言行，來論證文章內容的地方，就多達七十五條。現在將各篇文章中所引用的文句，分別逐條摘錄下來，列於表中，以做爲評論方孝孺思想體系的依據：

項次	引述內容	卷（頁次）	篇名
1.	孔子曰：「至於犬馬，皆能有養，不敬，何以別乎？」	卷一（五八）	雜誡右第十七章
2.	孔子之聖，不待勉而成，然恐夫德不修，學不講，義不即，徙過不能改，則引以爲己憂。	卷一（六三）	四憂箴
3.	孔子謂：「祭之以禮爲孝。」	卷一（七九）	宗儀九首奉終
4.	正統、變統立，而勸戒之道明，此非孔子之言也，蓋竊取孔子之意也。	卷二（八七）	釋統上

5.	孟子曰：「禹之治水也，行其所無事也。」	卷二（九六）	深慮論六
6.	孔子曰：「聽訟，吾猶人也，必也，使無訟乎？」	卷四（一二二）	周禮辨疑三
7.	曰：「多聞闕疑。」又曰：「吾猶及史之闕文也。」此孔子之意也。	卷四（一二四）	武王誅紂
8.	孔子之繫易但云：伏羲氏畫八卦，神農氏爲耒耜，黃帝垂衣裳。未嘗言三皇有所謂三墳書也。	卷四（一二七）	讀三墳書
9.	孔子倘見此書，奚不曰得夏小正，而曰得夏時乎？	卷四（一二八）	讀夏小正
10.	孟子以爲天下之大，老與伯夷並稱，則其人可知矣。	卷四（一三〇）	讀三略
11.	孔子曰：「惡紫爲其亂朱也，惡鄭聲爲其亂雅樂也。」	卷四（一三二）	讀荀子
12.	孔子所謂正名數言，而煥然矣。（指「名不正則言不順，言不順則事不成，事不成則禮樂不興，禮樂不興則刑罰不中，刑罰不中則民無所措手足。」）	卷四（一三三）	讀公孫龍子
13.	孔子入太廟每事問，學詩而多識鳥獸草木之名。	卷四（一三八）	讀崔豹古今註
14.	孔子、孟子可謂博矣。然而孔子曰：「吾一以貫之。」孟子謂將反說約也。	卷四（一三八）	讀博物誌
15.	伯夷，孔子嘗稱之曰：「古之賢人。」孟子嘗稱之曰	卷五（一四一）	夷齊

	：「聖之清者。」泰伯，孔子稱之以至德，且曰：「民無得而稱焉。」		
16.	孔子之於仕止，皆曰：「有命。」	卷五（一四二）	有子
17.	子路問事鬼神，子曰：「未能事人，焉能事鬼。」	卷五（一五三）	丙吉
18.	孔子所以聖乎，其預知之矣。凡亂之生，必有所始也。芻靈之弊，必至於以人殉葬……孔子之教人，以勿易於言。	卷五（一五八）	崔寔
19.	孟子獨謂顏子，可比禹稷；伯夷與伊尹皆得聖人之一偏。	卷五（一六二）	諸葛孔明
20.	孟子於武成取二三册，武成以聖人之事，孟子猶不信。	卷五（一六四）	晉論二首
21.	君子有時而智，有時而愚，皆以適夫義而已。孔子所謂其愚不可及者。	卷五（一六八）	王彪之
22.	孔子曰：「人之過也，各於其黨，觀過斯知仁矣。」	卷五（一七一）	魏孝文
23.	子路問成人，孔子答以臧武仲、公綽、卞莊子三人者之所長，而必謂：「文之禮樂而後可。」	卷五（一七二）	崔浩
24.	管仲王者之罪人也，孔子蓋恥稱之；然至於論其功，	卷五（一七四）	袁粲

	則深許之爲仁。		
25.	通齊國之人皆惡匡章，孟子獨取之；衆誣而孟子直也。舉滕國之民皆信許行，而孟子獨斥之；衆私而孟子公也。	卷六（一八三）	毀譽
26.	孔子曰：「窮理盡性，以至於命。」	卷六（一八六）	斥妄
27.	以孔子上聖之資，猶且學乎詩、書、易、禮……而猶問乎老聃，問乎師襄，問于郯子，問于太廟之有司；見婦人哭則問之，見習水之丈人則問之，其於人無所不問，知學之不可自狹也。人稱之爲聖，則驚駭歎息而不居，而顧自儗於老彭之好古，左丘明之知恥。人問之農，則曰不如農，問之圃則曰不如圃。與三人行，則以爲必有我師。	卷六（一九三）	溪喻
28.	孔子曰：「君子學道則愛人，小人學道，則易使也。」	卷六（二〇九）	策問十二首之四
29.	孔子謂：「誦詩者能專對、爲政。」	卷六（二一〇）	策問十二首之五
30.	孔子亦曰：「游乎藝。」	卷六（二一一）	策問十二首之六
31.	孔子嘗言，觀於鄉，而知王道之易易也。	卷六（二一二）	策問十二首之十

32.	孟子曰：「誦其詩，讀其書，不知其人可乎？」	卷六（二一三）	策問十二首之十二
33.	昔者孔子每病周末之文，而欲從忠厚之先進。孔子惡乎樸之散而文無措也。	卷七（二三三）	陳野翁字說
34.	孔子曰：「人而無恒，不可以作巫醫。」恒者，常理也，謂誠也。	卷七（二三七）	蔣伯孚字說
35.	孔子之言謂：「知周萬物而道濟天下。」	卷九（二六一）	啓
36.	孔子不以有顏子而不行道，孟子不以有孔子而不著書，各盡其職。	卷九（二七二）	上范先生
37.	孔子之克己，孟子之擴充四端。	卷九（二八三）	答陳元采
38.	周制作大備，孔子稱其文，特言其禮樂憲章之盛耳。	卷一〇（二九九）	與鄭叔度八首之二
39.	孔子曰：「辭達而已矣。」孟子亦曰：「我不得已也。」	卷一〇（三〇一）	與鄭叔度八首
40.	孔子至仁也，而化不行於陽虎、武叔。孟子大賢也，而臧倉賤之，王驩怨之，淳于髡輕之。	卷一〇（三一四）	答王仲縉五首之五
41.	萬世之所共尊而師其言者，惟孔孟爲然。	卷一〇（三一四）	答王仲縉五首之五
42.	孔子曰：「三人行，必有我師焉。」又曰：「魯無君子者斯焉。」取斯聖人之厚鄉黨，而不敢誣衆人若是。	卷一一（三二〇）	復鄭好義三首之三

43.	孟子不云乎，不直則道不見然。	卷一一（三二八）	與友人論井田
44.	孟子以禹、稷、顏子爲同道。	卷一一（三三二）	與王微仲
45.	孟子之爲異端，懼堯舜之愛民。孔子之有惡而欲仁，則何不可之有？	卷一一（三三三）	答林子山
46.	自孔子不能無失宰予，況於某哉。又孟子曰：「君子之所爲，衆人固不之識。」	卷一一（三三九）	答俞敬德二首
47.	舜何人也，有爲者亦若是。古之人有言之者，顏子是也。不患無位，患所以立，孔子固戒之矣。	卷一一（三四六）	答林嘉猷
48.	孔子於近世，亟稱左丘明，而舉周任南人之言，以示學者。德苟可以爲法，不必出乎古也，言苟不違乎道，不必見於經也。	卷一二（三六一）	自警編序
49.	子思稱孔子，如天地四時。	卷一二（三六八）	先太守文集後序
50.	孔子曰：「知變化之道者，其知神之所爲也。知神之所爲，則道自我出矣。」	卷一二（三七一）	蘇太史文集序
51.	孔子曰：「從我於陳、蔡者，皆不及門也。」	卷一三（三九二）	族譜序
52.	孟子言：「仁言不如仁聲之入人深也。」	卷一三（三九七）	義門詩序

53.	孟子謂伯夷隘，柳下惠不恭。其離乎大中一也，然求其近似者，與其不恭也，寧隘乎？	卷一三（四〇五）	趙彥殊字序
54.	取孟子充實光輝之意，政教可以善俗，而文章言語可以化民者，其惟孟子乎？	卷一三（四〇六）	鄭先生允充字序
55.	孟子謂：「予爲聖人之徒。」	卷一三（四〇七）	黃仲儀仲顏字序
56.	孔子之春秋、易、禮，以誅暴亂，範倫紀。孟子曰：「我善養吾浩然之氣，其謂是乎？」	卷一四（四一二）	贈郭士淵序
57.	孔子曰：「周監於二代，郁郁乎文哉！吾從周。」	卷一四（四三五）	贈林士恭序
58.	有一善可取，孔子且猶進之。聖人之容物，固如是也。	卷一四（四四〇）	送浮圖景昱序
59.	孔子嘗謂，繼周者，有所損益。	卷一六（四六八）	天台陳氏祠記
60.	天下之善一也，古與今之道均也。孔子問禮於老聃，問琴於師襄，問官於郯子；取荷蕢丈人之語，與時人歌，和滄浪之孺子……孔子以爲古者，取乎三代；孟子於武成之書，取其二三策。	卷一六（四七六）	求古齋記
61.	孔子、顏、孟皆匹夫也，而或自比文王，或謂舜可得而及，或羞比伯夷、伊尹，其所志如此。	卷一七（四九七）	尚志齋記

62.	孔子自儗文王，孟子羞比管仲而願學孔子，斯一聖一賢，其自知也。	卷一七（四九八）	尙友齋記
63.	孔子之門若子羔者，跡其行可謂有道君子矣，而孔子鄙之爲愚。若仲由者，可以治千乘之邑，而斥之爲野。	卷一七（五一六）	棠溪書舍記
64.	孔子傳不云乎：愼終、追遠，民德歸厚矣！	卷一七（五二〇）	孝友庵記
65.	昔日孔子嘗以蘭自儗。	卷一七（五二二）	梅所記
66.	孔子賤千乘之齊侯，而取首陽之餓士。	卷一八（五三四）	題會稽張處士墓銘後
67.	孟子曰：「人有不爲也，而後可以有爲。」	卷一九（五五四）	田疇贊
68.	孔孟之困於陳、蔡，而棄於齊、梁，短於臧倉，而毀於叔孫。一聖一賢豈才智尙有所不足，固亦安於天命之自然。	卷二〇（五八〇）	祭趙希顏
69.	孔子、孟子皆受於天也多，故奔走窮中國而卒不獲。	卷二〇（五八二）	東陽葛府君誄有序
70.	孟子論學，必曰：「善養氣。」	卷二一（六〇二）	孫伯融傳
71	子罕言命。	卷二一（六〇五）	王進德傳
72	孔子論天人之際備矣，而亦有所激而然歟否？	卷二一（六一四）	大笑生傳

73.	孔子之時，三代遺風未盡變，而孔子猶嘆善人不可見，得見有恒者斯可矣！	卷二三（六三五）	盧處士墓銘
74	孔子蓋屢嘆之，教人必以忠信，豈不以忠信爲立德之本故耶。	卷二二（六四二）	采苓子鄭處士墓碣
75	孟子謂：「以法死者非正命，亦視其所爲何如耳。故比干之死於君，申生之死於父，童汪踦之死於國，孔子皆取之。」	卷二二（六四五）	貞義處士鄭君墓表

由表列的七十五條內容中，可以清楚看出：孝孺是以孔孟言行，做爲論證自己學術思想的根據。孔孟學說維繫著儒家一貫的道統，孔子刪詩書、定禮樂、講忠恕，爲萬世師表；孟子敷揚孔子之教，行仁政，守禮義，重氣節。他們承先啓後，繼往開來，將我國固有文化推陳出新，爲後世開宗立極。所以，孝孺尊崇孔孟言行，不論是講述倫理道德、忠孝仁義，或是論及天命、正名辨僞，都是以孔孟爲依據。因此，他才能成就日後「正學」、「醇儒」的美譽。

(三)以理學爲模範

孝孺在理學上，可說是程、朱學派的傳承，他的思想縝密而審愼，凡是論及心性、義理時，他都能本末兼顧，舉一反三，玄思精妙而發人深省。他的老師宋濂稱讚他在理學上的造詣時說：「凡理學淵源之統，人文絕續之寄，盛衰幾微之載，名物度數之變，無不肆言之，離析於一絲，而會歸於大通。」

（註一一三）他敦品尚節，主敬立誠的理學思想，是承接周敦頤、朱熹等宋君子博學、格物、致知的精神，來窮究天下的一切道理。孝孺不斷努力進修，去實踐先聖先賢的教誨，每每運用逆推而底於極的推理方法，使得自己的成績日異而月殊，超越群倫。而在理學上的成就，他更是青出於藍，深得老師的肯定。

在孝孺的理學觀念中，天道與人事相符，但是必須盡人性之善，以符合天道。他說：「人事脩於下，天雖欲勿從不能也。然事天者，不恃天之不我違，而恃我有以合乎天。」（註一一四）又說：「賢否本乎學，而係乎己；貴賤、毀譽稟乎命，而在乎人。」（註一一五）也就是說：「天道之神，於人情不遠矣。」（註一一六）這些都是在解釋他的天道觀和本性論，是從天人合一的思想出發，而去實踐理學所付予的使命。以下再細分「天道觀」與「本性論」二點來剖析他對理學的看法和主張。

1.天道觀

在這裏先說明周敦頤的理學思想，對孝孺的影響。孝孺在啓惑一文中說：

夫運行乎天地之間而生萬物者，非二氣五行乎？二氣五行精粗粹雜不同，而受之者亦異。（註一一七）

這種說法，實肇始於周氏之「圖說」，為了方便說明，附其圖如下：（註一一八）

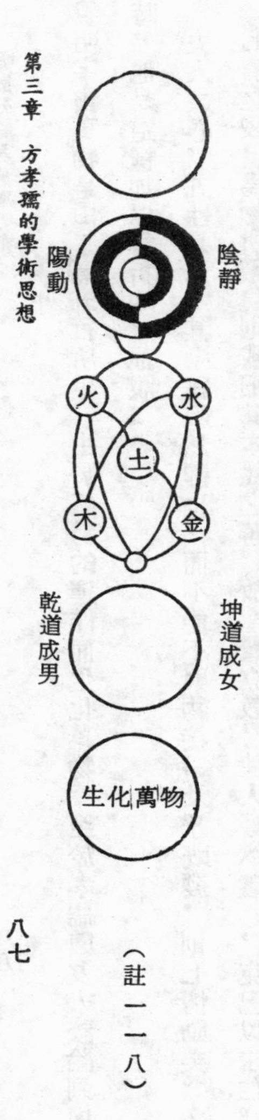

圖中說明宇宙萬物是由二氣五行所生，由於氣勢的運作而生化萬物。至於孝孺與友人談論到周氏的主靜說時，他是這樣加以解析的，他說：

夫人之心，五性具焉。其中雖寂然靜也，而不能不與物接；及乎既發，則七情動矣。……惟夫七情之發，爲物所蔽，則或汨其本然之善。故聖賢立教，使人寡欲養心，克己以求仁。周子後出，又揭而爲圖，明太極本然之妙，陰陽動靜之理，而言聖人定之以仁義中正，而主靜。又著於通書以釋其意，而必曰：動而無靜，靜而無動，物也。動而無動，靜而無靜，神也。其意以爲聖人未嘗不動，但常主於靜；苟靜而無動，則物而不通矣。欲人在仁義中正，主靜，靜應於物耳，非欲人強制其本心，如木石然，而不能應物也。……夫人處乎萬事萬物之間，而欲與之俯仰，裁天下之變，成天下之務，欲其不動，不可得也。惟仁義中正存乎中，雖動猶不動耳。（註一一九）

人的心有動靜之別，當人心「靜」時，仁、義、禮、智、信五性存在人心，是善的。但是當與外物相遇時，人心動矣。這動靜之間，只有靠存養工夫，才能洞察天人之間深奧的微妙關係。茲將孝孺對「靜」與「動」的分析，圖解如下，以供參考：

陰陽五行

生化萬物

聖人

常人

中正仁義

主靜

仁義禮智信

五性

天道之神，於人情不遠

七情動

仁心求養
克己寡欲

靜而無靜
動而無動

靜而無動
動而無靜

不能應物
與物不通

神也

物也

木石也

聖人未嘗不動，然常主於靜

他在靜齋記中說：

夫靜之爲學，著于易，述於禮，而大備於濂、洛諸君子之書。……心之爲物，靜則明，動則眩。（註一二〇）

在毀譽中說：

取於物而不求諸心，斯其爲物也。（註一二一）

這樣的解說，仍然是在文字上推蔽，現在以孝孺文章中所列舉大自然的實例，也是大自然的哲理，來加以說明動靜的契機和天人之際的顯晦，以及它們彼此互動的關係及其影響：

①知默是默，而不知默就是不默，孝孺默庵記說：

夫萬仞之淵乎？方其靜也，沈淵涵蓄，不震不激，泊乎無聲，杳乎莫測，惟其積之久而不妄出也（晦也）。故一旦決而爲川，達乎江河，聲之所憾，聞數百里，使其不深而終日汩汩如溪瀆澗潦之爲，則不崇朝而涸矣（顯也）。（註一二二）

②知動是爲動，不知動就是不動，孝孺在懶齋記中說：

自夫不息者而觀之，大而天運乎上，日月行乎兩間，百川經緯九州而達四海，未嘗斯須怠也（顯也）。小而萬物之生，羽毛飛動，卉葉鱗甲之類，其生長蕃育，以遂其性者，亦未嘗有一時之懈也（晦也）。（註一二三）

這是在說明天地化育萬物，不斷地在變化，但是人們並沒有查覺它的變動，認爲這只是常理。所以孝孺又道：

天地之生物，有變有常，儒者舉其常以示人，而不語其變也。恐人惟變之求，而流於怪妄，則將棄其常而趨怪，故存之而不言。（註一二四）

這也是孝孺所謂「士操大中以制衆理，居至靜以裁萬變，知周乎物而不勞，才裕於用而無窮。」（註一二五）的道理。由此可知，孝孺能夠離析於一絲，而會歸於大通的理學見解，並非向聲背實，而本是實至名歸的。

2.本性論

①誠、敬與格物致知

孝孺理學思想，是以格物致知、誠意正心等朱學立論爲宗旨，他認爲近世先儒立言，或著述、或講學，以朱熹最受人們的推崇。他說：

> 宋乾道、淳熙後，聞大賢君子之風而悅之，重道德，尚名節，褒衣危巾，講論性命，言行必本乎禮義，閭巷之間，絃誦之聲相接。……人不知學則已，爲學不以宋之君子爲師，而欲達諸古，猶面山而趨，而欲適乎海也。乾淳之學（註一二六），莫盛於朱子，博文以致其知，主敬以篤其行，而審於義理之辨。此豈特朱子爲然哉？自孔子以來，固然矣。（註一二七）

他更進一步說明朱子理學的要旨：

> 朱子之學，聖賢之學也。……所習誠能以敬存心，以義制行，窮萬物之理以周乎事，盡彝倫之常而不失其中，斂之則措於家，施之則被乎民。（註一二八）

所以孝孺也主張「主敬立誠」（註一二九）的觀念，他說：

> 敬者，所以成夫仁而已矣。仁爲衆善之原，群德之長，而天地之心也。（註一三〇）

又說：

> 天地之化，陰陽誠運，日月星辰誠行，風雨雷露霜雪誠施，寒暑晝夜之敍誠平，物之囿乎其中者，順之則生，逆之則死，其生與死，天地豈以私意爲之哉？物各有以取之耳。……聖人之於賞罰豈異於是，政教誠立，禮樂誠備，五刑五服誠陳，隨其功罪，而各得報焉。（註一三一）

主敬立誠對於一個聖人而言，也只是用「誠」心，盡力去做。他們治理天下時，以仁德來盡物之性，使它盡其用；以智慧去力行實踐，使它體現出來，就是以「敬」和「誠」，達到天下爲公，大公無私的治道。而對一般人而言，就是以「善」存養於心，努力去學習聖人的言行。

朱熹主張「博文以致知」，孝孺也強調「格物致知」的重要，他說：

> 孔子曰：「窮理盡性，以至於命。」斯聖賢所以爲教，而人所當爲者也，窮天下之理，而見之於躬行，盡乎三綱六紀，而達之於天道，堯、舜、禹、湯、周公、孔子之所傳，人之爲人，不過學此而已。（註一三二）

孝孺取孔子之意（註一三三），他說：

> 窮乎天理之紀，推乎日月星辰之行，參乎氣運往復之端，而後可以言命之粗，而余何暇言之。（註一三四）

所以，聖賢之學當在「窮理盡性」，而窮理的基礎是「致知」，必先能知而後才能行，所以他說：

> 夫人之通患，不患於不能行，而嘗患於不知，不先致知，雖有出世拔倫之材，亦不免冥行謬作之弊，能窮天下之理，盡萬物之情，一旦措之於事業，則沛然而有餘，發之爲文章，則浩然而

無涯，蓄之以爲德行，則從容而中道矣。古聖賢之學，必以知爲先也。（註一三五）

總之，孝孺主敬立誠以窮究萬物之理，格物致知以明心性之大全。「敬」與「誠」是內心修養的工夫，但却是爲「格物」、「致知」做準備；「敬」字貫通動靜，「誠」字指心性之理，只要誠心「窮理」、「格物」以完成「致知」的工夫，就一定能達成孔子主張德治，孟子推行仁政暨儒家道德教育和一貫道統的實踐。

②良知與良能

孝孺於理學談論「格物、窮理」，但對於本身的善性，也就是如何擴充自己的良知良能，恢復自己與天俱來的靈明本性也有他獨到的見解。孝孺認爲聖賢教人盡性、盡道，是希望每一個人都能反求諸己，設身處地的想想自己和他人的處境。倘能如此，做起事來，一定能得心應手，獲益良多，這是學習的第一步。在與陳敬齊一文中，他談到這樣的理念，他說：

> 聞君子之於學，將有以擴充吾良知良能，而復古本然之量，非由外鑠我也。豈以自外至者，爲榮辱哉？……雖然日月不以薄蝕廢其明，江河不以旱澇爲盈縮，篙師不以風濤之險舍其操舟，農夫不以歲歉而輟其耕，菊芳乎秋，松柏秀乎冬，各適其所，奚可以時之不偶，而歉吾素志哉？
>
> （註一三六）

這種觀念也是爲學的根本，將人的本性由內在的良知良能，透過善言與善行的本然善性加以發揮。這是孝孺在理學探究方面，以價值論及道德實踐論的方向爲指標，但其最終目標，仍是以達到孔孟聖賢之道爲依歸。

由以上的論述，我們可以清楚的瞭解，方孝孺思想體系根源於六經、孔孟思想和理學精神。而六經是古代文章的總體，儒家學說一向本著宗經的文學觀從事文學創作，劉勰文心雕龍宗經篇說：

經也者，恒久之至道，不刊之鴻教也。故象天地，效鬼神，參物序，制人紀，洞性靈之奧區，極文章之骨髓者也。（註一三七）

六經既是一切文學創作的源頭，孝孺尊經崇孔以明聖人之道，又依據孔孟思想，主張務實和發揮政教功能，繼而效法理學精神，窮究天人之際，發揮良知良能的善性，這就是孝孺思想的本質。茲圖解方孝孺的思想體系如後，以供參考：

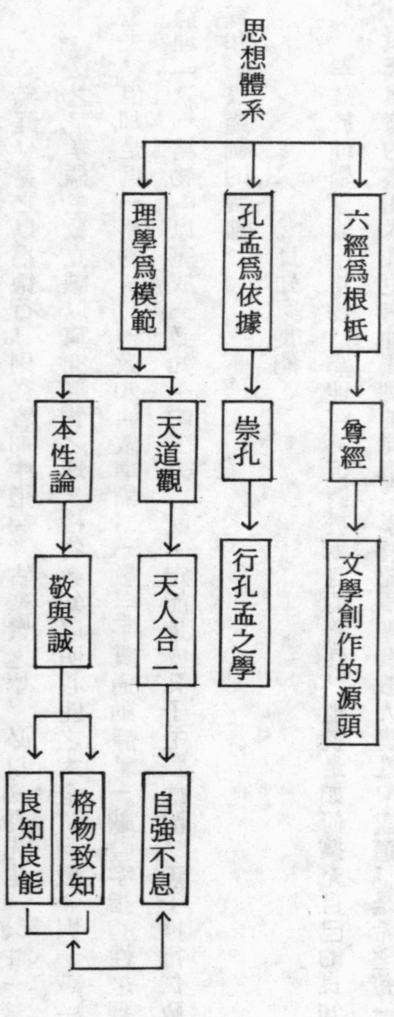

三、文學主張

㈠文統論

孝孺的文學主張，首先要說明的是「文統」的涵義。孝孺論文，以儒家思想爲中心，主張文以載道和學以致用，他認爲文章的功用，在於「明道」和「立政」（註一三八）。他酷愛周禮「嚴上下之分，謹朝聘之禮，教民以道，使民以義，恤隣而尊上。」（註一三九）又鑑於近日士習益下，學術、道德弊端叢生，而呼籲道德、政教決不可廢。在與趙伯欽一文中說：

僕嘗謂求學術於三代之後，宋爲上……古學之弊，莫甚於近代，爲士者以文辭爲極致，而不知道德、政教爲何事；爲治者以法律爲極功，而不知仁義、禮樂爲當行。（註一四〇）

孝孺尊宋儒，主張復古人之學，他認爲宋朝諸君子的道德學術，最接近古人。在劉樗園先生文集序中說：

自周以來，教化詳明，得先王之意者，莫如宋。故宋之學術最爲近古，大儒碩生既深明乎道德性命之理，遠追孔、孟之迹，而與之爲徒，其他以文辭馳於時者，亦皆根據六藝，理精而旨遠，氣盛而說詳，各有所承傳，而不肯妄相沿踵，蓋教化使然也。（註一四一）

他認爲自古以來，正統的學術，都是用來宣揚道德、政教的，在答王秀才一文中說：

凡文爲用，明道、立政二端而已，道以淑斯民，政以養斯民。民非養不能群居以生，非教不能別於衆物。故聖人者出，作爲禮樂、教化、刑罰以治之，修其五倫、六紀、天衷、人極以正之，而一寓之於文。堯、舜、禹、湯、周公、孔子之心，見於詩、書、易、禮、春秋之文者，皆以文乎此而已，舍此以爲文者，聖賢無之……故斷自漢以下至宋，取文之關乎道德政教者爲書，謂之文統。（註一四二）

孝孺認爲，只有關於「道德」、「政教」的著作，才是「文統」。他以聖人言行、六經和文統，當作教育子弟學習古人文章的典範，來做爲窮究學術的泉源，使人人都能自進於聖賢的領域。他說：

勿以道德爲虛器，勿以政教爲空言，則文可得而學矣。（註一四三）

他又舉出孔子的話「君子學道則愛人，小人學道則易使也。」（註一四四）爲證，說明學而不求「道」，那裏可以稱得上「學」呢？古時候的君子，有德必立言，學必致用，這個「學」與「用」，都必須寓教於文而身體力行的。他又說：

古之儒者，豈徒誦說浮文云爾哉？將以行其所知也。聖人之道，具乎六經、四子之書，皆可行也。（註一四五）

這些都是孝孺爲維護道德、政教以及固有文化一貫道統，所做出的努力。

由以上可知，孝孺的文統，涵蓋了以下三點要義，可作爲結語：

1.尊宋崇經：主張復古（宋之學術最爲近古），以六經爲依歸；

2.文以載道：主張宣揚道德、政教以「明道」、「立政」；

3.學以致用：主張實用、力行以求經世致用。

這正是孝孺逆推而底於極的見解，也符合明初的學術思想。

(二)道與文

孝孺對道與文的主張，有以下三個重點：1.文是明道、載道的工具；2.道本文末；3.文與道互爲表裏。

孝孺的文學觀以道爲主，明道、載道都是他爲文的最終目的；他論文主張實用，自然在內容上要求「道明」，形式上要求「辭達」。在一篇重要的文論中，他談到：「天下之道，根於心者一也。」同文又說：「師其道而求於文者，善學文者也。」（註一四六）在這篇文章裏，他強調「文」就如同人一樣，文章形貌不必相同，「道」同即可。在送牟元亮趙士賢歸省序文中，他說：

文所以明道也，文不足以明道，猶不文也。（註一四七）

孝孺認爲文有明道、載道的功能，道是文不可缺少的要件。所以單就文章而言，文章的形式是枝節末事，可以放在最後討論，所謂「先乎道而後乎文」（註一四八），都是說明道本文末，道是本源，文是道的工具，它們各司其職。又在與鄭叔度八首中，他說「道」與「文」實際上是一體兩面，可以相行而不悖的：

夫道者，根也；文者，枝也；道者，膏也；文者，焰也，膏不加而焰紓，根不大而枝茂者，未之見也。故有道者之文，不加斧鑿而自成，其意正以醇，其氣平以直，其陳理明而不繁。決其辭，肆而不流，簡而不遺，豈竊古句，探陳言者所可及哉？文而效是，謂之載道可也，若不至於是，特小藝耳，何足以爲文？（註一四九）

因此，他說：「外道德以爲文者，皆聖賢之所棄也。」（註一五〇）又說：「六經、孔、孟，道明而辭達者也。」（註一五一）道明而辭達的著作，不外乎六經、孔子大傳、孟子七篇等聖賢文章，孝孺一一列舉出來，做爲後人學習的圭臬。由此可知，文章貴在立言，道德貴在立德，都是不朽的功業，文與道實互爲表裏，可以相輔相成，猶鳥的雙翼，車之兩輪，缺一不可。他在白鹿子集序中說：

君子之德果修矣，人必慕其人；慕其人，則其文亦爲世所貴重。故文有以人而傳者，以其德之可尊故也。（註一五二）

又說：

苟得乎道，何患文之不肆耶？（註一五三）

所以古時候的君子，以修養德性爲先務，也就是「本立而道自生」，「道立而文自至」的意思。孝孺又舉顏淵因道德而言傳的例子（註一五四），來說明「德盛」、「道明」、「言自高」和「文自傳」的道理，也就是說「道」與「文」相互依存，而使道明文達的例子。

前面提過，孝孺論「道」與「文」，重點在「明道」，他慨歎地說：

士不知道蓋久，世所推仰者惟在乎文章。文者，道所不能無，而非所以爲道也。（註一五五）

又他曾舉例說：

吳之人論舟，可一言而喻，胡羌之人，終日談而不得其狀，知與否之異也。（註一五六）

這個「知」與否，實在就是關鍵所在。孝孺謂「知道若行路，然至愈遠，則見愈多，而言自異。」（註一五七）而「不知道，猶車而無輪，舟而無柁也，雖工且美，奚以哉？」（註一五八）如何將孝孺「道」與「文」的文學主張，本末兼舉，細大弗遺，逆推而底於極，是我們下面要分析說明的重點所在。

1.道說

何謂「道」呢？孝孺說：

夫道，充天地、亘古今，一而已矣。……行之，達則兼善天下；窮之獨善其身。（註一五九）

又說：

道之大端，脩己、治人二者而已。率乎性命之理，所以脩己而爲治人之本也；察乎禮樂、政教之具，所以治人而推脩己之餘也。古以有此二者也，故生民之類賴以無滅而至於今。（註一六○）

孝孺論道，總括的說，就是脩身、治國兩件事。但是這個「道」涵蓋的範圍非常廣大，它充塞於天地之間，萬物都依賴它生存，從古至今，始終如一。它不但同於孟子的浩然正氣，至大至剛；又近似孔子「吾道一以貫之」的忠恕精神。孝孺也一再的說，「道」是無所不在，無時不在的，它的存在可以這樣形容：

天下之至崇大者，莫過於道，而卑且近者，道亦未嘗不在也。……故順親弟長事，非遠也，而

> 性與天道不外焉。（註一六一）

他在答錢羅二秀才文中說：

> 少之時，學作文，自度其不可，竊獨慕乎聖賢之道，以爲斯道非文則無以傳，故又於文發之。既而復以道之不至者，不足以言文，故嘗用心於三代、秦漢之書，考其氣運之高下，參其言語之醇疵，以觀其世之盛衰得失，要其歸於道與否而準繩之，以聖賢之規矩蓋將習之，以冀其熟焉，行之以望其至焉。考之於身，以見其成；施之於世，以驗其功；服之於身，而傳之乎來世。上以不愧乎天，中以不怍於心，下以有益於人而後止。（註一六二）

由此可知，孝孺將至大的「道」，分析的精辟入裏，而又能回歸於「儒學」。他所教給後學的「道」，就是儒家的聖賢之道，並且把明道而傳諸後世的使命，當作自己的重責大任，以身作則，夙夜匪懈，努力地去完備「道」的精義。如此而後，他才能俯仰不愧於天地，擔起儒者治國、育才的百年大計，使我國固有文化一貫的道統，得以延續而不墜。這也是日後，孝孺所以能拋頭顱，灑熱血，將「道」逆推而底於極的行爲模式，發揮到淋漓盡致。所以，在與鄭叔度一文中，他對明道有孟子「不得已」之歎，他說：

> 古人之爲學，明其道而已，不得已而後有言，言之恐其不能傳也，不得已而後有文。道充諸身，行被乎言，言而無迹，故假文以發之。（註一六三）

天生聖賢，無非是爲了補天道之不足，而降大任於斯人；亦即所謂立言、立德、立功三不朽的理念。

像子思、孟子之流，都是因「天之畀以與我者，懼其至我而絕也。」（註一六四）的心態，「立言」而公諸天下，實在是「不得已」，所以孝孺懇切的說：

古之立言者，豈以文辭哉？亦明其道而已。……不得已而載之言。（註一六五）

孔子作春秋以明「道」，孝孺一本聖人的職志，主張「文以載道」、「文以明道」，正是以聖人之道爲其準則。他說：

僕將抱遺經，陳之達者，而施之於天下。苟未欲治斯世，著之在書，授之其人，樂之以終身。（註一六六）

由此可見孝孺胸懷天下，以明道爲職志的偉大情操。他在答張廷璧一文中說「明道之文，味之無窮」：

蓋古人之道，雖不專主乎爲詩，而其發之於言，未嘗不當乎道，是以雅、頌之辭，烜赫若日月，雄厲若雷霆，變化若鬼神，涵蓄同覆載。誦其詩也，不見其辭，而惟見其理，不知其言之可喜，而惟覺其味之無窮；此其爲奇也，不亦大乎？而作之者初非求爲如是之奇也，本之乎禮義之充，養之乎情性之正，風足以昌其言，言足以致其志，如斯而已耳。（註一六七）

他認爲「明道」的具體作法在於「宣天地之精，正生民之紀；淑一世之風俗，揭斯道於無極。」（註一六八）使人人致身於聖人之行列，力行聖人的道理。而孝孺在越車和上范先生文中，對「聖人之道」做了以下的詮譯，他說：

聖人之道，離之爲禮樂、政教、法度、文章，合之而爲性命之原，仁義之統；其事業在詩、書，

其功用在天下，粹而全，大而正，確乎其無不具也。（註一六九）

又說：

其統爲道德，其教爲三綱二紀，其體爲仁義，其用以爲治天下。（註一七〇）

這也是道的最終目標。所謂「於道誠有所得，而養之純，守之篤，則不爲外物之所移，習俗之所變。斯道行乎天地，而具乎人心，人莫能違之。」（註一七一）所以，一個人只要將「道」存乎於心，以禮義爲本，養以情性，不役於外物，就一定能倡仁義，振風俗，德澤天下黎民，而能有所作爲，那麼「道」的精義就可以盡情發揮，而不會有絲毫爽失。爲了一清眉目起見，試將孝孺道說圖解如下，以供參考：

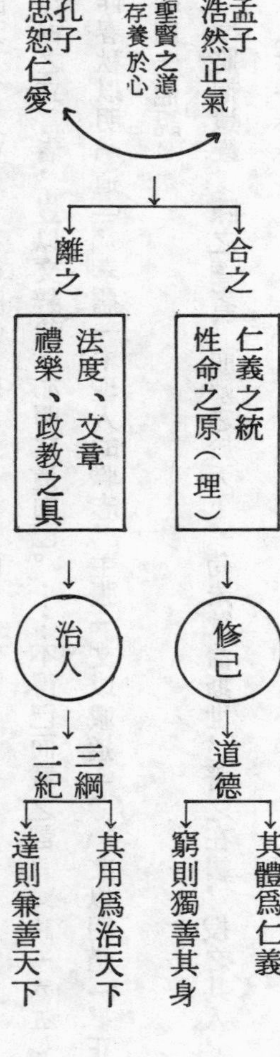

2.文論

孝孺說：「僕知文章爲細事，求古人所用心者，以教之。」（註一七二）又說：

> 爲文者乎，則當求之于易之大傳，書之典謨、訓誥，詩之三百篇，孔子之春秋，周之三禮及秦、漢賢士之所著，乃足以爲法矣。（註一七三）

他主張「文」要宗經，因爲中國創作的基礎，都是源自群經；又說：「聖人之言，謂之經。」（註一七四）所以孝孺認爲「文辭當法六經。」（註一七五）凡是著書立說的人，都應該以六經爲寶典。他在答王仲縉五首之三中說：「文惟理明辭達而止。」（註一七六）又說：「六經，孔孟道明辭達者也。」（註一七七）由此可知，孝孺要求「文」的內容，只要合乎文統，言之有物，理明辭達，句妥字適，就已達到爲「文」的目的。

至於論及文章創作的技巧時，孝孺說：

> 蓋文之法有體裁，有章程，本乎理，行乎意，而導乎氣。氣以貫之，意以命之，理以主之，章程以覈之，體裁以正之。（註一七八）

文章的基本架構就是體裁和章程，而行文運思，首重命意。所以他提出文章創作的五個要素：㈠體裁要完整；㈡章程要嚴密；㈢氣勢要昌盛；㈣文意要連貫；㈤立論要正確。

至於談到文章最高境界，即所謂「文」的極致，孝孺說：

> 斯文者，造化之至理寓焉，人患不能造其極耳。苟造其極，決不可泯滅，有志者在乎自力而已，

僕所志尚有大乎此者。（註一七九）

關於「文者，造化之至理寓焉」的說法，孝孺在與郭士淵論文中，有進一步的解釋，他說：

文之在人，如造化之於物，歲異而日新，多態而善變，使觀之而不厭，用之而無窮，不失榮悴消長之常理，乃足爲文。（註一八〇）

在答張廷璧中也寫到這個理念，他說：

聖賢君子之文，發乎自然，成乎無爲，不求工奇而至美自足。達而不肆也，嚴而不拘也，質而不淺也，奧而不晦也，正而不窒也，變而不詭也。辯而理，澹而章，秩乎其有儀，煒乎其不枯，而文之奇至矣。（註一八一）

孝孺論文，注重實用，主張文貴通變，渾然天成。他認爲文章創作如果能自然變化，揮灑自若；文義又能濯然常新，日新又新，就是作文最高的境界，而可謂「嘆爲觀止」了。他在蘇太史公文集序中，讚美莊周、李白、蘇軾的作品，就是屬於這類自然、神奇、變化和創新的最佳代表，也是文章藝術至眞、至善、至美的境界。由此，我們可以瞭解孝孺對文學創作的幾個基本主張，㈠文本自然；㈡文必宗經；㈢文以載道；㈣文貴通變。爲了一目了然起見，試將孝孺文論圖解於下，以供參考：

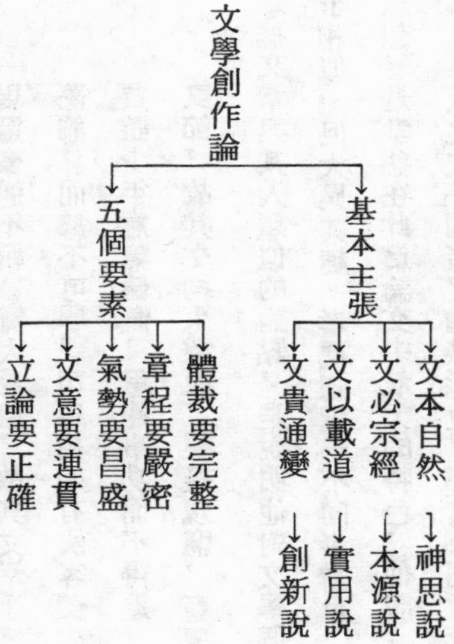

文學創作論
- 基本主張
  - 文本自然→神思說
  - 文必宗經→本源說
  - 文以載道→實用說
  - 文貴通變→創新說
- 五個要素
  - 體裁要完整
  - 章程要嚴密
  - 氣勢要昌盛
  - 文意要連貫
  - 立論要正確

孝孺的文論傳承自我國固有文化，主張萬流歸宗的尊經思想，以道入文，將「道」與「文」兼備於文學理論中，來調合古文學和道學的思想，並肯定古文學與道學的價值。他的文論還有幾個特殊的見解，如「文與人類」，「文之工與神」，「文與氣」等等，無疑又是逆推而底於極，將「文」的境界從作品與作者相類，提昇至文的工、神之妙，和文與氣相互的關係，來說明文學個性化的存在，反映出道家自然無爲浪漫的藝術之美，與儒家傳統文學浩然正氣的精義所在。現在分別將它一一論述於後，以供參考：

①文與人類：

孝孺有一篇張彥輝文集序的論文，提出文章和作者相類的見解。孝孺認爲文與人類，人殊而言異，因爲作者的個性、品格、修養、學問、思想各不相同，作品風格自然有他獨特的風貌。最早在劉勰文心雕龍體性篇中曾提到「情動而言，理發而文」；「觸類以推，表裏必符」；「各師成心，其異如面」等等，來說明作家才性、氣質、學養、習業與作品的關係，所造成各家的獨特風格（註一八二）。可是孝孺所論，卻以更廣泛的層面，或論其學問、思想的背景，或談其個性、品格、修養等因素，使得文如其人。他提出以下的主張，他說：

莊周爲人有壺視天地，囊括萬物之態，故其文宏博而放肆，飄飄然若雲遊龍騫，不可守。荀卿恭敬好禮，故其文敦厚而嚴正，如大儒老師，衣冠偉然，揖讓進退，具有法度。韓非、李斯峭刻酷虐，故其文繳繞深切，排搏糾纏，比辭聯類，如法吏議獄，務盡其意，使人無所措手。司馬遷豪邁不羈，寬大易直，故其文崒乎，如恒華浩乎，如江河曲盡周密，如家人父子語，不尚藻飾，而終不可學。司馬相如有俠客美丈夫之容，故其文綺曼姱，都如清歌繞梁，中節可聽。賈誼少年意氣慷慨，思建事功而不得遂，故其文深篤有謀，悲壯矯訐。揚雄齪齪自信，木訥少風節，故其文拘束愨愿，模擬窺竊，蹇澀不暢，用心雖勞，而去道實遠。（註一八三）

孝孺文章與其人類似的論點，是說明他對文學個性化方面的認識，這與文心雕龍體性篇表面看起來似乎相似，但大異其趣。孝孺強調「不同者辭也，不可不同者道也。」這種文類其人而不悖乎道的基本思想，是孝孺在此篇論文中最大的特色，他說：

人之文不同者，猶其形也，不可不同。天下之道，根於心者一也，故立言而衆者，文之隸也；

明其道不求異者，道之域也；人之爲文，豈故爲爾不同哉？其形人人殊，聲音笑貌人人殊，其言固不得而強同也，而亦不必一拘乎同也，道明則止耳。然而道不易明也，文至者，道未必至也，此文之所以爲難也。嗚呼！道與文俱至者，其惟聖賢乎？聖人之文著於諸經，道之所由傳也；賢者之文盛於伊洛，所以明斯道也；而其文未嘗相同，其道未嘗不同。師其道而求於文者，善學文者也；襲其辭而忘道者，不足與論也，然斯豈易易哉？（註一八四）

由此篇論述中，可歸納以下三項重要思想，做爲孝孺文論的基本主張：

a「文至者，道未必至也，此文之所以爲難也。」「苟得乎道，何患文之不肆乎？」也就是說，道是文的首要條件。道立，則文如同水到渠成，自然能揮灑自如。

b「聖賢之文，未嘗相同，然而道同。」「天下之道，根於心者，一也。」文章的道理就是天下的公理，根深蒂固於人心的善性。所謂心物一體，文與道俱至。

c文與道兼備，「聖人之文著於諸經，道之所由傳也。」故「師其道而求於友」。說明文與道脣齒相依，而「文所以載道而傳諸天下」，缺一不可。

也就是說「文與人類」，天下的文章形式、內容各不相同，可是天下的公道卻根植於人心，古今中外都是一樣的。文章用來記載道理，爲文只要合於「道」，「道明則止」，那裏還要擔心文不能「辭達」呢？而道與文兼備的理想，就是「文類其人」眞正的意義所在，因此孝孺說：

君子之德果修矣，人必慕其人，慕其人則其文亦爲世所貴重，故文有以人而傳者，以其德之可

魯故也。苟不務此，而惟其末，雖麗如相如，斂如枚臯，精奇雄健如柳子厚，亦藝而已矣。（註一八五）

這是孝孺將「文類其人」推而至「文以人傳」，「文以德傳」的精義，而達到文與人合一的眞諦。

②文之工與神

學者評論文章的優劣，不論古今，都以作者才氣的高低，筆觸的巧拙爲基本因素，孝孺對作者與作品的巧拙，也有他獨到的見解。他採漸進的方式，來剖析文章「工」的層次和「神」的境界，並反對一味的摹擬，主張文貴變化、創新，這是他文論中肯定力求新變的特色。

孝孺在贈鄭顯則序與答張廷璧兩篇文中，說明好的文章必須「工」而「達」，奇其意而易其詞，並使內容合於道義，自然能理味兼具，而達到「亹亹覺其易也，徐思而繹之，雖極意工巧者，莫加焉，若是者其爲至文乎」（註一八六）的境界。也就是說，一篇文章必須融合作者的才氣、智慧、巧思等因素，才能擁江河注海之勢，順流直驅，產生「奇文」、「至文」的效果。在孝孺的理念中，文章藝術之美，才智的巧妙，是可以藉著學習而獲得「工」的階段，但最重要的還是要能使文章創新，富於變化，出於自然而沒有雕琢的痕跡。就好像「日月之在天，躋於東而行於西，昏明於晝夜，盈虧於晦朔，自有天地以來，未之有易也。天固不規規然，求異以駭人之視聽，然愈久而彌新，愈廣而無窮，則爲奇也大矣，尚何以異爲哉？」（註一八七）這種自強不息，日新月異，取用不竭的文章，就是「文貴工」的理想層面，也是藝術創作的特質。

在蘇太史文集序中，孝孺更進一步的將「寂然無爲，沛然無窮，發於智之所不及知，成於巧之所不能爲」的神妙之境，淋漓盡致的加以闡述，他說：

> 天下之事出於智巧之所及者，皆其淺者也。寂然無爲，沛然無窮，發於智之所不及知，成於巧之所不能爲，非幾乎神者，其孰能與於斯乎？故工可學而致也；神非學所能致也，惟心通乎神者能之。神誠會於心，猶龍之於雨，所取者涓滴之微，而可以被八荒，澤萬物。……莊周之著書、李白之歌詩，放蕩縱恣，惟其所欲而無不如意，彼豈學而爲之哉？其心默會乎神，故無所用其智巧，而舉天下之智巧莫能加焉。……莊周歿殆二千年，得其意以爲文者，宋之蘇子而已。蘇子之於文，猶李白之於詩也，皆至於神者也。（註一八八）

他強調「心會於神」，對於文學藝術創作而言，已將「文」從形式雕刻、模仿的「工」，提昇至無爲變化「神」的境界，這也是逆推而底於極的理念。孝孺認爲才智之士，只要努力下苦工，就可以達到「工」的層次；然而所謂的神來之筆，却只有天才，像莊周、李白、蘇軾的著作，心默會通於神，才能達到「舉天下之智巧莫能加焉」，雖嬉笑怒罵都是新辭的境界。他在前文中引用孔子的話，說：「知變化之道者，其知神之所爲也。知神之所爲，則道自我出矣。文奚可勝用耶？」（註一八九）這些都說明孝孺的文論，主張文貴自然變化；「工奇」是文章的上選，而「神奇」則是文章最高的意境。

③文與氣

自古聖賢以養氣爲本，孟子說：「吾善養吾浩然之氣。」並且提出「以志帥氣」、「配道與義」

的見解，來說明屬於自然生命的「氣」，可以支配道義與心志，在傳統道德具體實踐時，利用專一、持久的修養工夫，成就至大至剛的勇氣，使得「富貴不能淫、貧賤不能移、威武不能屈」的志節展現出來，就是所謂的「浩然正氣」（註一九〇）。所以有屈原、司馬遷等墨客騷人，著書來表明心志；文天祥不屈不撓，作正氣歌展現出視死如歸的精神。他們個個拋頭顱，灑熱血，慷慨激昂，藉著文章的表白，名垂千古，光耀史册的歷史事實，就是「氣節」的具體表現。

孝孺在與舒君一文中說：

道者，氣之君；氣者，文之帥也。道明則氣昌，氣昌則辭達。文者，辭達而已矣。然辭豈易達哉？六經、孔、孟，道明而辭達者也。（註一九一）

在三賢贊中說：

聖賢之道，以養氣爲本，今之人不如古者，氣不充也。氣不充則言不章，言不章則道不明。（註一九二）

在張彥輝文集序中的「道明則氣昌，氣昌則文自至矣。」（註一九三）以及雜問中的「道明氣充，患無文乎？」（註一九四），都是表明孝孺以儒家正統文學的立場，將「道」和「氣」同列爲文章不可缺少的要件。而孝孺，論文章以氣爲主的觀念，有兩種涵義：一是說「氣」是行文的氣勢；控馭運文，貫通全篇，氣盛則文盛，文盛則能道明辭達。在這裏所說的氣勢和作者的品德、修養有密切的關係，好比高山有煙雲之氣，草木有英華之實。作者養氣，以勇於明天下正道，發爲文章，堪與日月爭輝。二是說文章以氣爲根源。文學的創作動機是感應於自然生氣與自然之道，透過生命生生不息的表現，而形成的道德之氣和宇宙之氣，使文學呈現各種體貌與風格的氣象，而達到文與氣結合的眞實內容。

曹丕典論文，首開以氣評文的觀念。宋代理學家論氣，與孟子養氣說一脈相承，主張變化氣質，注重「學養」工夫，來加強道德修養。孝孺說：「吾聞文與教化相上下。」（註一九五）而「明乎古之道，而通乎當世之務，學者之事也。」（註一九六）所以，孝孺論「文與氣」時，延續理學傳承，主張文章的氣勢除了主導文義，使其「言之有物」、「言之成理」外，最重要的是在表明作者與作品的風格和實際價值。在成都杜先生草堂碑一文中，他說：

> 士之立言爲天下後世慕者，恆以蓄濟世之道，絕倫之才，因不獲施，而於此焉寓之。故其氣之所至，志之所發，浩乎可以充宇宙，卓乎可以質鬼神。（註一九七）

儒家正統文學，向來藉文章立言述志來宣揚道德政教，使人人善養「浩然正氣」以不愧怍天地，這就是孝孺以氣論文的積極意義。

所以，文學創作經由心志的表白，情性的投入，而產生行文的氣勢，文章內容跟隨氣勢的運作，再鎔入政治、社會及學術的實用功能，以這種方式來肯定文章不朽的價值，正符合儒家積極的用世思想，也正是孝孺文學主張中的特徵之一。茲以下圖說明方孝孺文論中「文」、「氣」與「道」三者相互的關係，以供參考：

第三節　結　語

明初學術以宋濂、劉基、方孝孺、高啓諸人爲代表。他們都是歷經元、明兩朝，身經變亂，在元末統治者的殘酷剝削和反元起義軍的劇烈戰鬥中，眼見天災、人禍所導致的社會動盪、經濟破產、政治黑暗和沈溺在水深火熱、流離失所的痛苦百姓，有極爲深刻的感受和啓示。明朝鼎立後，新政府百廢待舉，加上久亂思治的心理，作家的作品自然就反映出現實生活的狀況，以及對改善當時環境所提出的理想和抱負。所以，在他們的文學理論中，表現出宣揚傳統文化的道德思想，以仁愛忠孝爲核心的內容，主張明道致用、宗經師古，強調文章是爲教化服務的，以及偏重摹擬風尚的復古文化思潮。

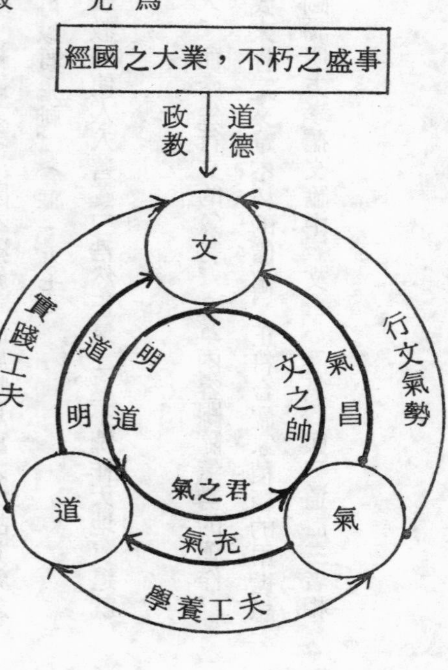

方孝孺就是在這種環境背景下，承先啓後，肩負起宣揚禮法，傳承儒家正統文學的使命。他的思想體系，貫穿我國固有文化一脈相傳的統緒，以六經爲根柢，以孔孟爲依據，以理學爲模範，從天人合一的理念出發，以逆推而底於極的理學推理方式，將「文人合一」、「文道兼備」、「文與氣一體

」等觀念，運用在文學理論中，使自己的文學創作，走出一味雕琢和摹擬的風氣中，而擁有獨特創新的見解。更將自己人生的抱負與理想，以實際的行動，不屈不撓的志節，稟持「天將降大任於斯人也，必先苦其心志」的操心之危與慮患之深的心情，來報效國家，完成「明王道、致太平」的重責大任。

他的治學態度，首重立志。孝孺自幼以聖賢自許，他認爲立定志向，才是學習的動力，學習有了目標和力量，必須帶著「如恐不及」的心情去努力學習，而且保持著無所不學、無時不學的好學精神，才能有志竟成。孝孺爲人公正無私，但他主張學習的時候要有懷疑的態度和富於創造的精神，仔細的考證，大膽的假設，公正的批評，與其斷簡殘篇，而不能失之誣也，這樣才能獲得眞實的結果。在治學方法上，他主張以力行實踐爲根本，因材施教，採取循序漸進的手段，他認爲小學教育的目的是端正本質，大學教育的目的是經世致用，然後才能達到通萬物之理和盡性知命的最後階段。

而孝孺的文學主張，綜合論之，就是所謂的「文統」。他採取尊宋崇經，文以載道，學以致用的觀念，來說明文章就是爲道德、政教而服務的。所謂的「道」，簡單的說，是修己、治人兩件事而已。它的本體是仁義，它的用途是治理天下，它同於孟子的浩然正氣和孔子的忠恕仁愛。而「文」是經國之大業，不朽之盛事，它是「道」的工具。而文章的價值，就是在於能兼備「道」與「氣」，又能把它們抒發出來，讓後人知道。至於談到作者與作品的一致性，孝孺是這樣分析的：文章用來記載人道和天理，是因爲文章本來就是源自「自然之道」。所以，由天道可以睹人事，從人事可以反映天道，從天人合一和文人合一的思想出發，可知天地萬物同源，心物爲一體。這完全符合儒家正統文學的邏輯觀念，也正可以說明方孝孺學術思想的本體。茲將方孝孺學術思想體系，圖示如下，以供參考：

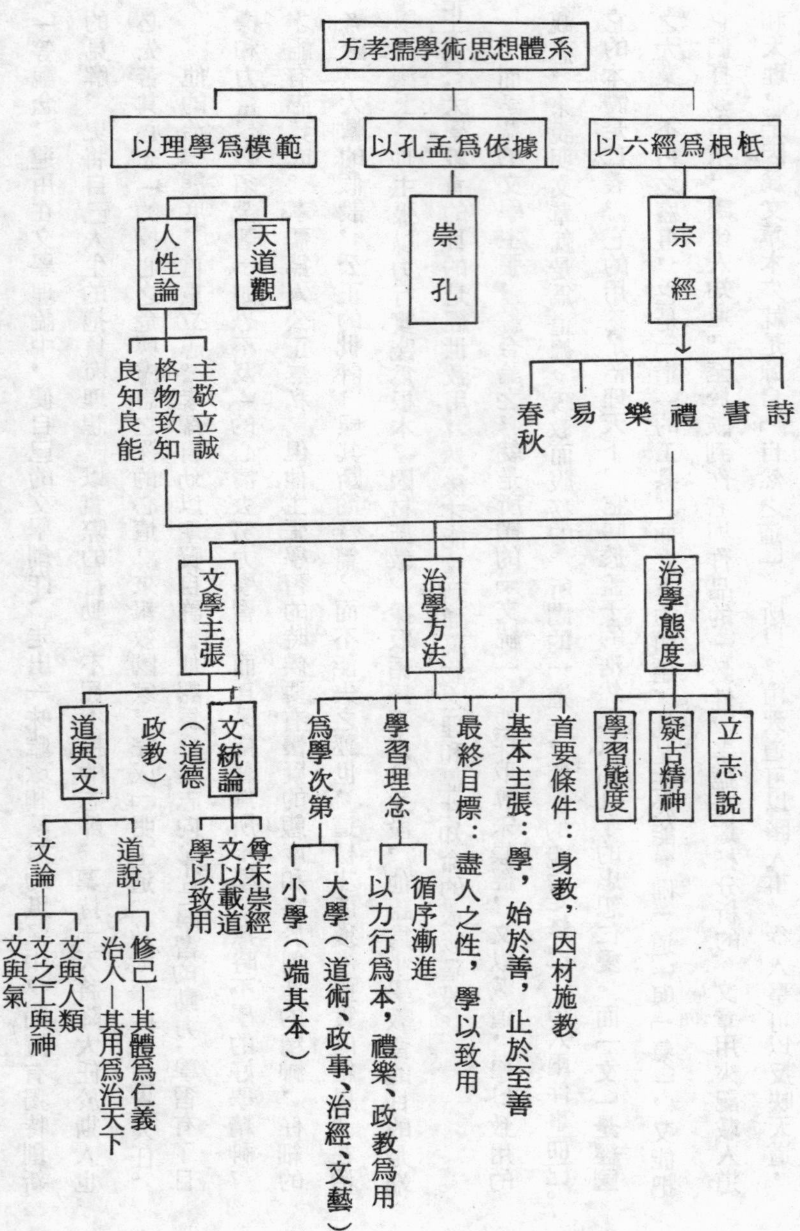

【附註】

註　一　明史卷一二九列傳一七馮勝（三七九五）。以下各註，凡引用明史，以鼎文版新校本明史幷附編六種的頁次爲準。（）表示頁碼。

註　二　遜志齋集卷一二（三六六）。（同第二章註二）

註　三　葉子奇草木子卷四雜俎篇（七九三）。文淵閣四庫全書第八六六冊，雜家類㈢（七三三）。

註　四　元史卷一八六列傳七三張楨（四二六七）。鼎文版新校本元史幷附編二種。

註　五　明史太祖本紀（二）。

註　六　在明初流傳的兩部章回小說作品三國演義、水滸傳，都是表達這種思想的。

註　七　明史卷一三五列傳二三孔克仁（三九二三）。

註　八　明史卷一二七列傳一五李善長（三七六九）。明史卷一一三后妃列傳，太祖孝慈高皇后（三五〇五）：后嘗語太祖，定天下以不殺人爲本。

註　九　參考明史太祖本紀（一～五七）。卷一二九列傳一七馮勝（三七九五）。卷一三六列傳二四朱升（三九二九）。卷二八一循吏列傳一六九（七一八五）。卷二八九忠義列傳一七七（七四〇七）。又明太祖實錄卷三陶安向朱元璋建言，卷二一北伐檄文的內容。陶安建言曰：方今四海鼎沸，豪傑並爭，攻城屠邑，互相雄長，然其志皆在子女玉帛，取快一時，非有撥亂救民，安天下之心明。公率衆渡江，神武不殺，人心悅服，以此順天應人而行，弔伐天下不足平也。

註一〇　明太祖實錄卷二〇：丙午年五月朔庚寅。又谷應泰明史紀事本末開國規模卷一四（一三三）。

註一一　國榷卷八（六七三）：洪武八年，朱元璋申養老之政於天下。明太祖實錄卷一八二（二七五一）：洪武二十年閏六月甲寅，他說：「養老之禮未嘗廢，是以人興於孝弟，風俗淳厚，治道隆平。」所以他再次詔告天下「行養老之政」。方孝孺遜志齋集卷一六（四七七）壽善堂記：天子受命之十有九年，迺下詔書，舉養老之典。

註一二　論語學而第一㈡。謝冰瑩等編譯，新譯四書讀本，三民書局。

註一三　明史卷七一選舉志（一七一一）。

註一四　同註一三（一七一二）。

註一五　同註一四。

註一六　明史卷一一五列傳三興宗孝康皇帝（三五四七）。

註一七　明史卷七一選舉志四七（一七一二）。

註一八　同註一七。

註一九　明史太祖本紀贊（五六）。

註二〇　廿二史劄記明祖行事多仿漢高（七三三），清趙翼撰，杜維運考證，鼎文書局，六四年。

註二一　明史卷一三七列傳二五（三九四八）。

註二二　明史卷一二八列傳一六（三七七七）。

註二三　明史卷一三七列傳二五（三九五五）。

註二四　明史卷一三八列傳二六（三九六八）。

註二五　明史卷一三六列傳二四（三九三二）。

註二六　明史卷一一七諸王列傳五（三五九二）。

註二七　明史卷一一六諸王列傳四朱橚（三五六五）、朱有燉（三五六六）。

註二八　同註二七。

註二九　明史卷一一七諸王列傳五（三五八一）。

註三〇　中國文學發展史第二十五章明代的文學思想（八四九），華正書局，六六年。

註三一　明太祖實錄卷四〇。

註三二　明史卷六九選志四五（一六八六）。

註三三　明史卷六九選志四五（一六八六）（一六八九）。

註三四　同註三二（一六七六）。

註三五　遜志齋集卷一二應天府鄉試小錄序（三七八）。

註三六　同註三二（一六七五）。

註三七　明史卷七〇選舉志四六（一六九三）。

註三八　同註三七。

註三九　同註三七（一六九四）。

註四〇　宋濂文憲集卷十八大明故中順大夫禮部侍郎魯公神道碑（一〇六），商務景印文淵閣四庫全書總一二二四冊。

註四一　明史卷九五藝文志七五（二四五九）：明太祖御製詩文集五卷。又商務景印文淵閣四庫全書總一二二三冊，有明太祖文集二十卷可參考。

註四二　同註二〇（七三五）。

註四三　廿二史箚記明初文字之禍（七三五）。又閒中今古錄，收存於中央圖書館台灣公藏善本書室，有清順治刊本（紀錄彙編卷一二九）和明末刊本（五朝小說皇明百家小說）各一卷，明黃溥撰。

註四四　同註二〇（七三六）。

註四五　明史卷二八五文苑列傳一七三（七三二八）。

註四六　明史卷二八五文苑列傳一七三（七三〇七）。

註四七　以上參考宋濂文憲集卷二十八（四三〇）七儒解的內容大意。

註四八　宋濂文憲集卷八（四六五）。

註四九　宋濂文憲集卷三十一送門生方孝孺還鄉詩（五四〇）。

註五〇　宋濂文憲集卷八（四八〇）。

註五一　黃宗羲宋元學案卷五一（四部備要、台灣中華書局）。又呂學指呂祖謙（呂東萊），他是金華學風的開山祖師。

註五二　宋濂文憲集卷二十九（四六七）。

註五三　鮚埼亭集外編　卷一六（六七九）。（四庫叢刊刊本第八六冊，景印上海涵芬樓景印姚江借樹山房，台灣商務，六八年）。

註五四　參考吳志達論明前期文學升降盛衰原因，武漢大學學報，一九八八年五月。

註五五　由於時代動盪特有的背景，使得小說、戲劇材料特別豐富。例如三國演義中所描寫的赤壁之戰，雖然有三國志、資治通鑑等史書提供資料，但元末到太祖建國這一段期間內，大大小小的戰役，像至正二十二年朱元璋與陳友諒的鄱陽湖之戰，在戰略、規模、戰場等方面，都爲小說提供了既感性而又生動的豐富材料。又水滸傳把元末官吏腐敗，種族歧視下的民族意識和久旱望霓的社會民心，用富於現實性的小說技巧，表達的淋漓盡致。而小說、戲劇淺易近人，它們的內容通常是說忠勸孝的，以傳統倫理道德、忠孝節義等歷史故事、寓言或事實，來達成寓教於樂的目的。

註五六　遜志齋集卷一五藏器軒記（四五五）。

註五七　遜志齋集卷一雜誡（五八）。

註五八　明史卷一二八列傳一六劉基（三七七七），劉基詩文留傳於後世的有誠意伯文集二十卷，詳見商務景印文淵閣四庫全書總一二二五冊誠意伯文集卷十古詩（二五三）。

註五九　明史卷二八五文苑列傳一七三高啓（七三二八）。又參考中國文學發展史明代戲曲（八八九），華正書局。

註六〇　參考劉大杰中國文學批評史明代的詩文批評（二三二），上海古籍出版社，一九八五年。

註六一　遜志齋集卷一七（五〇九）。

註六二　遜志齋集卷一七尙志齋記（四九七）。

註六三　遜志齋集卷一七尙志齋記（四九七）。

註六四　遜志齋集卷一〇與鄭叔度八首（二九九）。

註六五　遜志齋集卷一七尙志齋記（四九七）。

註六六　遜志齋集卷一五草心堂記（四五六）。

註六七　遜志齋集卷一一答兪敬德二首（三四〇）。

註六八　遜志齋集卷一正學（七一）。

註六九　遜志齋集卷一六求古齋記（四七六）。

註七〇　遜志齋集卷四周禮辨疑㈣（一二三）。
註七一　同註七〇。
註七二　遜志齋集卷四武王誅紂（一二四）。
註七三　武成：書經周書篇名。
註七四　遜志齋集卷九與朱伯清長史（二七四）。
註七五　遜志齋集卷四讀三墳書（一二六）。
註七六　遜志齋集卷一（八〇）。
註七七　遜志齋集卷一尊祖（七三）。
註七八　遜志齋集卷一七君子齋記（四九六）。
註七九　遜志齋集卷六學辨（一九一）。
註八〇　遜志齋集卷七習菴說（二二八）。
註八一　遜志齋集卷六溪喻（一九三）。
註八二　遜志齋集卷一四贈王時中序（四三六）。
註八三　遜志齋集卷一四（四一三）。
註八四　遜志齋集卷一四（四二五）。
註八五　遜志齋集卷一四（四三七）。
註八六　遜志齋集卷一〇答鄭仲辯二首（二九五）。

註八七　遜志齋集卷六劉士安字說（二三六）。

註八八　遜志齋集卷一四（四一一）。

註八九　遜志齋集卷一（八一）。

註九〇　遜志齋集卷三明教（一一〇）。

註九一　遜志齋集卷一務學（八一）。

註九二　遜志齋集卷六學辨（一九一）。

註九三　遜志齋集卷六策問十二首之十二（二一三）。

註九四　遜志齋集卷一一復鄭好義三首之二（三一九）。

註九五　遜志齋集卷五龐統（一六二）。

註九六　遜志齋集卷五梁武帝（一六九）。

註九七　遜志齋集卷五郭巨（一六七）。

註九八　遜志齋集卷四周官（一一八）。

註九九　遜志齋集卷五唐（一七七）。

註一〇〇　宋濂文憲集卷二十八（四四〇）。

註一〇一　遜志齋集卷一一與郭士淵論文（三五二）。

註一〇二　遜志齋集卷一一答俞子嚴二首（三四二）。

註一〇三　遜志齋集卷一四贈金谿吳仲實序（四二二）

註一〇四　遜志齋集卷一六石鏡精舍記（四六七）。
註一〇五　遜志齋集卷一六　石鏡精舍記（四六八）。
註一〇六　遜志齋集卷六學辨（一九一）。
註一〇七　遜志齋集卷一六（四六七）。
註一〇八　遜志齋集卷一一（三三四）。
註一〇九　遜志齋集卷一六（四八一）。
註一一〇　遜志齋集卷四（一三一）。
註一一一　遜志齋集卷一七學孔齋記（五〇二）。
註一一二　遜志齋集卷六溪喻（一九三）。
註一一三　宋濂文憲集卷三十一送門生方孝孺還鄉詩（五三九）。
註一一四　遜志齋集卷一〇與釆苓先生二首（二九三）。
註一一五　遜志齋集卷一一答林嘉猷（三四七）。
註一一六　遜志齋集卷一六餘慶堂記（四七二）。
註一一七　遜志齋集卷六（一八六）。
註一一八　勞思光中國哲學史三上周敦頤（九八）。
註一一九　遜志齋集卷一一答林子山（三三二）。
註一二〇　遜志齋集卷一六（四六六）。

註一二一　遜志齋集卷六（一八三）。

註一二二　遜志齋集卷一六（四六五）。

註一二三　遜志齋集卷一六（四六四）。

註一二四　遜志齋集卷六啓惑（一八六）。

註一二五　遜志齋集卷一七見山堂記（五一九）。

註一二六　宋南渡後，乾道、淳熙間，蘇文舉行，擧子翕然宗之，號「乾淳體」，以朱熹、呂祖謙等爲主。

註一二七　遜志齋集卷一四贈盧信道序（四三三）。

註一二八　遜志齋集卷七習菴說（二二八）。

註一二九　遜志齋集卷七林泉讀書齋銘（二三四）：主敬立誠，卓爲天民。

註一三〇　遜志齋集卷一七學孔齋記（五〇一）。

註一三一　遜志齋集卷六明辨（一八九）。

註一三二　遜志齋集卷六斥妄（一八五）。

註一三三　論語子罕第九(一)。

註一三四　遜志齋集卷六言命（一八七）。

註一三五　遜志齋集卷一八題鄭叔致字辭後（五三五）。

註一三六　遜志齋集卷一一（三四八）。

註一三七　劉勰文心雕龍註宗經篇（二一），明倫出版社，六〇年一〇月。

註一三八　遜志齋集卷一一答王秀才（三三五），卷一八題劉養浩所製本朝鐃歌後（五三七）。

註一三九　遜志齋集卷一二周禮考次目錄序（三五五）。

註一四〇　遜志齋集卷一一（三二二）。

註一四一　遜志齋集卷一二（三六七）。

註一四二　遜志齋集卷一一（三三六）。

註一四三　遜志齋集卷一一答王秀才（三三六）。

註一四四　遜志齋集卷六策問十二首之四（二〇九）。

註一四五　遜志齋集卷一四送樓君士連謁選入京序（四二七）。

註一四六　遜志齋集卷一二張彥輝文集序（三七三）。

註一四七　遜志齋集卷一四（四二三）。

註一四八　參考遜志齋集卷一一答胡懷秀才（三三四）：文章於士子爲最末事。卷九與王德修八首（二八七）：夫文辭於學者，至爲淺事……夫外道德以爲文辭者，皆聖賢之所棄者也。

註一四九　遜志齋集卷一〇與鄭叔度八首之三（三〇一）。

註一五〇　遜志齋集卷九與王德修八首之四（二八七）。

註一五一　遜志齋集卷一一與舒君（三五三）。

註一五二　遜志齋集卷一二（三七七）。

註一五三　遜志齋集卷一〇答王仲縉五首之二（三一一）。

註一五四　遜志齋集卷一七默山精舍記（四九五）。

註一五五　遜志齋集卷九與王德修八首之二、（二八五）。

註一五六　遜志齋集卷一四送平元亮趙士賢歸省序（四二三）。

註一五七　遜志齋集卷一一與趙伯欽三首之一（三二二）。

註一五八　遜志齋集卷一二時習齋詩集序（三七六）。

註一五九　遜志齋集卷一七好古齋記（五一二）。

註一六〇　遜志齋集卷九上范先生（二七二）。

註一六一　遜志齋集卷一五巾山草堂記（四五四）。又參考卷一〇答王仲縉五首之二（三一一）：欲求其道乎？則凡足下終日之語默、起居、奉上、馭下，道未始不在也。

註一六二　遜志齋集卷一一（三三七）。

註一六三　遜志齋集卷一〇（三〇〇）。

註一六四　遜志齋集卷一〇答王仲縉五首之五（三一三）。

註一六五　遜志齋集卷一七好古齋記（五一二）。

註一六六　遜志齋集卷一〇與鄭叔度八首之三（三〇二）。

註一六七　遜志齋集卷一一（三二五）。

註一六八　同註一六七（三〇〇）。

註一六九　遜志齋集卷六越車（一九四）。

註一七〇　遜志齋集卷九上范先生（二七二）。

註一七一　遜志齋集卷一四送解元振先生還廬陵序（四二七）。

註一七二　遜志齋集卷一〇與鄭叔度八首之五（三〇五）。

註一七三　遜志齋集卷一〇答王仲縉五首之一（三一一）。

註一七四　遜志齋集卷一一與郭士淵論文（三五二）。

註一七五　遜志齋集卷一一與舒君（三五四）。

註一七六　遜志齋集卷一〇（三一二）。

註一七七　遜志齋集卷一一與舒君（三五三）。

註一七八　遜志齋集卷一〇答王仲縉五首之三（三一二）。

註一七九　同註一七八（三一三）。

註一八〇　遜志齋集卷一一（三五二）。

註一八一　遜志齋集卷一一（三二五）。

註一八二　王更生文心雕龍研究第九章文心雕龍「文術論」（三六四），文史哲出版，六十八年五月。

註一八三　遜志齋集卷一二（三七二）。

註一八四　同註一八三（三七三）。

註一八五　遜志齋集卷一二白鹿子文集序（三七七）。

註一八六　遜志齋集卷一四贈鄭顯則序（四〇九）。

註一八七　同註一八六。

註一八八　遜志齋集卷一二（三七〇）。

註一八九　遜志齋集卷一二蘇太史文集序（三七一）。

註一九〇　參考新譯四書讀本，孟子公孫丑篇(上)，三民書局，謝冰瑩等編，五十九年。又莊耀郎曹丕典論論文「氣」義探微，古典文學第六集（一〇一），學生書局，七十三年十二月。

註一九一　遜志齋集卷一一（三五三）。

註一九二　遜志齋集卷一九（五四九）。

註一九三　遜志齋集卷一二（三七三）。

註一九四　遜志齋集卷六（二〇六）。

註一九五　遜志齋集卷一四贈鄭顯則序（四一〇）。

註一九六　遜志齋集卷六策問十二首之十（二一二）。

註一九七　遜志齋集卷二二（六二二）。

第四章　方孝孺的政治思想

第一節　明代的絶對王權

歷代封建帝王的統治，都是以無上的權威，家天下的理想，爲延續國脈長久，使子子孫孫都能一統天下，就不得不採用各種高壓手段，把皇帝的權力無限膨脹，來限制臣民。朱元璋以布衣起義，君臨天下，他更是將所有限制君權的機構一一削弱，一切大權都集中於皇帝一人手上，使得明朝成爲中國歷史上，一段極其專制的時代。

太祖初年，中央官制仍然因襲元朝制度，但是他曾經嚴厲指責宰相的大權是「張君之威福」，他說：

設相之後，臣張君之威福，亂自秦起。宰相權重，指鹿爲馬。………往往病及國君者，其故在擅專威福。（註一）

洪武十三年，宰相胡惟庸謀反，太祖乘機罷黜中書省，廢除宰相制度，六部直接對天子負責，形成代天理物，威柄自操的君主獨裁政府，造成明代絕對王權的形勢。

一、朱元璋的心歷路程

朱元璋出身於貧苦的農家，他十七歲那年，淮河流域的老百姓飽受旱災、蝗蟲過境等災難，大饑疫接踵而至，他的父母、兄長相繼過世。據明史記載：

至正四年，旱蝗，大饑疫。太祖時年十七，父母、兄相繼歿，貧不克葬。……孤無所依，乃入皇覺寺爲僧。逾月，遊食合肥。（註二）

那時，正值各地反元戰爭風起雲湧，經友人勸說，遂投靠濠州郭子興的隊伍。在白刃相接的戎馬生涯中，他出生入死，達十五年之久，「戡亂摧強，十五載而成帝業」（註三）。這種由一個普通農民，蛻變成爲富甲天下的封建帝王，這段心歷路程，使他不得不總結歷史上的經驗教訓，模仿漢高祖所作所爲，把「創造」的艱苦奮鬥，全部寄托在「守成」的策略上，步步爲營，以使朱明王朝，國祚長久。

廿二史劄記說：

明祖以布衣起事，與漢高同。故幕下士多以漢高事陳說於前。明祖亦遂有一漢高在胸中，而行事多仿之。修明法度，徙江南富人於中都，分封子弟以建屏藩，甚至胡、藍之獄，誅戮功臣，亦仿。（註四）

我們看他「修明法度」的做法，例如，他重視恤民政策，以仁義來治理百姓，他認爲經過動亂的父老百姓，思念治安，就像飢渴的人企待飲食一樣。（註五）所以，一即帝位，他就告誡官吏說：

天下新定，百姓財才俱困，如鳥初飛，本初植，勿拔其羽，勿撼其根。然惟廉者能約己而愛人，貪者必朘人以肥己，爾等戒之。（註六）

並提出「休養安息」的政策，採取獎勵墾荒，興修水利，實行屯田，寬賦、利民等措施。他認爲保國之道，就是藏富於民，一個國家百姓富有，人民就有向心力，反之則疏離背心。明通鑑記載：

保國之道，藏富於民，民富則親，貧則離，民之貧富，國家休戚系焉。（註七）

所以，他認爲國家興衰存亡，是繫於民心向背。因此，他頒行各種造福百姓的治國方針，做爲維護封建專制的努力。

另外，他爲了建立封建宗法教育，親自制定了對諸子的教育方針，他說：

有精金必求良冶而範之，有美玉必求良工而琢之，至於子弟有美質，不求明師教之，豈愛子弟不如金玉邪？蓋師所以模範學者，使之成器，因其材力各俾造就。朕諸子將有天下國家之責，功臣子弟將有職任之，寄教之之道，當以正心爲本，心正則萬事皆理矣。（註八）

他仔細挑選了一批有德行的人來教育諸子，使他們先具備德行，再學「帝王之道，禮樂之教，成敗之迹，稼穡之事」（註九）等等。他認爲「自古創業之君，歷涉勤勞，達人情，周物理，故處事咸當。守成之君，生長富貴，若非平昔練達，少有不謬者。」（註一〇）所以「特置賓客諭德等官者，欲輔成太子德性，且選名儒爲之。……昔周公教成王克詰戎兵，召公教康王張皇六師，此居安慮危，不忘武備。」（註一一）他又以自己日勤不怠的治國態度，勉勵太子說：

吾自有天下以來，未嘗暇逸，於諸事務惟恐毫髮失當，以負上天付託之意。戴星而朝，夜分而寢，爾所親見。（註一二）

並且陸續頒發了「昭鑒錄」、「永鑑錄」和「皇明祖訓條章」（註一三）來加強灌輸封建倫理觀念，把君主、藩王和臣子之間的關係，作了明確的規定，要求「爲太子者，知敦睦九族，隆親親之恩；爲諸子者，知夾輔王室，盡君臣之義。」（註一四）

還有太祖治家非常嚴格，諸子犯過錯的，他從不姑息（註一五）。所以諸王成年後，大都精明能幹，頗有作爲。

洪武二年編祖訓錄，定封建諸王之制，在擬封建諸王詔中，他說：

衆建藩輔，所以廣磐石之安；大封土疆，所以眷親支之厚。古今通誼，朕何敢私。（註一六）

他封藩的目的，是希望諸藩王上尊天子，下撫百姓，成爲朝廷穩固的屏障。方孝孺在送伴讀朱君之慶府序文中，談到朱元璋爲宗室謀的用心之深，他說：

聖天子稽古圖治，嘉惠九族，念親王勸講輔德之官未備，無以成藩屏之才也，乃二年春三月，詔增立賓輔一人，佐講讀及書各一人，進對皆稱名而不臣，坐論道德用賓師之儀……太祖高皇帝，以雄才神略，戡定萬方，懲前代宗室寡弱之弊，衆建支庶，羅列海內，宮室服用下天子一等，朝之大臣，雖三公大將軍皆趨拜殿庭，以至親處權寵之隆，古莫大與論，何其盛哉！然而諸藩德業可擬古之賢王者，雖間有之，而未之屢見，豈非處尊崇之極，而驕泰易滋，左右之臣位下勢卑，不能矯其失故耶！天子慨然為深長之思，增立輔臣，重其職任，俾咸知尊賢取友，以成令德，其為宗室謀，可謂遠矣。（註一七）

即使這樣做，他還是不放心，更藉著胡、藍兩獄，一舉誅殺功臣宿將，高達四萬多人。趙翼在撰寫胡藍之獄中也提到：

明祖藉諸功臣以取天下，及天下既定，即盡舉取天下之人而盡殺之，其殘忍實千古所未有。（註一八）

其實，追根究柢，這些措施主要的原因，還是因為太祖辛苦經營的心歷路程：少年時，起自寒微，遭時喪亂；成年後，憂危積心，輾轉征戰。統一天下時，自己已經是六十餘歲的高齡，懿文太子柔弱仁厚，又不幸早死，皇孫允炆更是年幼孱弱，為了身後有所顧慮，他嘔心瀝血，消除異己，壓制反動，為的還是保障朱明個人的政權罷了。

二、君主集權與恐怖政治

在前面我們提到明朝建立後，朱元璋吸取歷代王朝，特別是元朝失敗的經驗教訓，在「治亂世用重典」的觀念下，開始了我國自唐、宋以來，空前嚴酷的暴政。

太祖罷丞相，設府、部、都察院分理庶政，事權歸於朝廷。在這種情形下，為防範臣民圖謀不軌，使自己耳聰目明的掌握大局，不得不借重特務機構，來刺探臣僚言行，箝制百官自由。洪武十五年，太祖設立錦衣衞，國子祭酒宋訥「危坐有怒色」的神態，也被暗中畫成圖像，交給太祖（註一九）。還有國子助教錢宰，罷朝回家，賦了一首早朝詩，內容是：

四鼓鼕鼕起著衣，午門朝見尙嫌遲。
何時得遂田園樂？睡到人間飯熟時。

第二天上朝，朱元璋對他說：「昨天你做的詩很好，但我並沒有『嫌』你啊！何不改用『憂』字呢？」錢宰嚇得膽顫心驚，磕頭謝罪（註二〇）。又太祖爲了懲貪杜弊，約束權胄，恢復以廷杖責罰大臣的惡律，曾經當廷杖死工部尙書薛祥（註二一），永嘉侯朱亮祖父子（註二二）等。這些事實，使得代表封建專制的特權——錦衣衞和廷杖之禍，逼得朝廷官員，人人自危，朝不保夕。葉子奇草木子說：

明祖懲元季縱弛，特用重典馭下，稍有觸犯，刀鋸隨之。時京官每旦入朝，必與妻子訣；及暮無事，則相慶以爲又活一日。（註二三）

朝廷百官，每日罷朝回家，就與家人慶賀「又多活了一天」。又解縉上封事萬言說：

國初至今，將二十載，無幾時不變之法，無一日無過之人。……出於吏部者，無賢否之分；入於刑部者，無枉直之判。……臣以爲自今非犯罪惡解官，笞杖之刑勿用，催科督厲，小有過差，蒲鞭示辱，亦足懲矣。（註二四）

太祖自己也說：

朕起兵至今，四十餘年，灼見情僞，懲創奸頑，或法外用刑，本非常典。（註二五）

都顯示出他制訂嚴刑酷罰，重繩贓吏，以整飭吏治的決心，並且恢復了古代部分肉刑，爲的是用來誅殺叛逆，壓制反動。明史刑法志也記載這些殘酷的刑罰，殺人無數：

凡三誥所列，凌遲、梟首、種誅者，無慮千百，棄市以下數萬。（註二六）

那時，各種律法嚴苛細密，朝官動輒得咎，一樁罪案往往株連上萬人之多。以明初的四大獄來說，懲治貪污的「空印案」、「郭桓案」誅殺牽連已經過當（註二七）。最爲暴虐無道的是胡、藍兩獄，連坐得罪的人數之衆，合計竟高達四萬數千多人，列名逆臣錄的有一公十三侯二伯之多。（註二八）周敬心上書說：

臣又見洪武四年錄天下官吏，十三年連坐胡黨，十九年逮官吏積年爲民害者，二十三年罪妄言者。大戮官民，不分臧否，其中豈無忠臣、烈士、善人、君子？於茲見陛下之薄德而任刑矣。（註二九）

練子寧在廷試對策時，也力勸太祖道：

天之生材有限，陛下忍以區區小故，縱無窮之誅，何以爲治？（註三〇）

然而官吏不論功績貢獻，只要因事牽連獲罪而被處死或貶謫的，更是不計其數。例如明史方克勤傳記載：

太祖嘉其績，賜宴，遣還郡。尋爲屬吏程貢所誣，謫役江浦，復以空印事連，逮死。（註三一）

再以倍受恩寵的宋太史公爲例：宋濂是明初開國重臣，他以儒臣侍帷十餘年，又是皇太子的老師，告老退休的時候，朱元璋還不斷地稱讚他說：

朕聞太上爲聖，其次爲賢，其次爲君子。宋景濂事朕十九年，未嘗有一言之僞，誚一人之短，始終無二，非止君子，抑可謂賢矣。（註三二）

臨行前，朱元璋還送他綺帛，要他收藏三十二年後，做成「百歲衣」穿哩！事隔才三年，卻因長孫愼連坐胡黨得罪，朱元璋不念舊情的要殺宋濂，幸虧皇后、太子全力相救，才被放逐到茂州。可憐他已七十一歲的高齡，在子、孫被殺，身老體弱的情形下，還沒有抵達茂州之前，就已病故。從前朱元璋對他的稱讚、感謝以及送綺帛給他作「百歲衣」的話，到了這時，豈不是成爲莫大的諷刺嗎？像宋濂這樣的身分，尙不免淪爲茂州之行的受難者，更何況是那些無恩可眷的臣子呢？

更糟糕的是，諫士因「諫言」或「不屈」而被處死的，也是不可勝數。如葉伯巨上書直言「分封太侈，用刑太繁，求治太速」，太祖怒喝道：「小子離間我父子骨肉！」立刻將他定罪，下刑部獄而死（註三三）。李仕魯諫「帝惑僧言」，擲笏於地，太祖大怒，命武士捽搏立死階下（註三四）。又茹太素「抗直不屈」暨王朴「與帝辨是非而就死」，並於行刑前大嚷：「某年月日，皇帝殺無罪御史也。」等等（註三五）。甚至，太祖爲了徵召賢士，有人因不願仕進，竟遭誅戮而籍其家（註三六）。以上的各種作風，實在可以說是專制集權下的恐怖統治。廿二史劄記明初文人多不仕中記載：

武臣被戮者，固不具論，即文人學士，一授官職，亦罕有善終的。（註三七）

方孝孺在送祝彥芳致仕還家序一文中，對嚴刑峻法也大嘆「古所未有也」，他說：

天子新有天下，懲前代弛緩不振之弊，赫然臨朝，體天地之運，法日月之明，潤之以雨露，震之以雷霆，大舉廢政而修明之，如是者十餘年而始定。當是時，郡縣之官，雖居窮山絕塞之地，去京師萬餘里外，皆悚心震膽如神明臨其庭，不敢少肆，或有毫髮出法度，悖禮義，朝按而暮罪之，其重名實辯臧否，誠古所未有也。是以其時，守職之官，非精強敏給，有兼人之材，應世之智者，鮮能終三年之久。（註三八）

所以黃宗羲明夷待訪錄「置相」中說：

有明之無善治，自高皇帝罷丞相始也。

確是名符其實，一針見血之論。

第二節　明初的政治思想家

自秦、漢以後，歷代帝王以封建專制的政權，一統天下。學者論政，往往借重天威民意，勸誡君主用仁治，視臣如手足，視民如赤子，以保國祚的長久不墜。漢朝的賈誼和董仲舒，都曾提出以民爲本的思想，賈誼說：

聞之於政也，民無不爲本也。……國以民爲安危，君以民爲威侮，吏以民爲貴賤，此之謂民無不爲本也。（註三九）

董仲舒說：

天之生民，非爲王也，而天立王，以爲民也。故其德足以安樂民者，天予之；其惡足以賊害民者，天奪之。（註四〇）

又遠在二千四、五百年前，孟子提倡的民貴思想，就說明重視民意，是爲政的第一要務。他說：

民爲貴，社稷次之，君爲輕。（註四一）

而明初專制政權下的政治思想，承襲了中國歷代政治思想的一貫性，以孔子的德治，孟子的民本思想爲根本，其中以劉基、宋濂和方孝孺最具代表性。

一、劉基

劉基，字伯溫，青田（今屬浙江省）人，是明初開國功臣。他的政治思想以儒家論政的觀念爲基礎，在大小劇烈戰爭以及殘暴統治階級對人民剝削的黑暗時代，他是同情人民的。元末民族思想又復萌芽，他用諷刺、批判的創作手法，表達出富正義感與現實意義的作品，來反對歧視，批評時政，諷喻邪惡，表達民情。在他的政治起源說中，認爲「天生民、立君，是爲了抑惡扶善」，他說：

天生民，不能自治，於是乎立之君，付之以生殺之權，使之禁暴誅亂，抑頑惡而扶弱善也。（註四二）

又說：

故中國以四裔爲寇，而四裔亦以中國之師爲寇，必有能辨之者，是以天下貴大同也。（註四三）

這種「天下貴大同」的思想，是他政治主張的特色。他指出爲政的目的在謀全民的福利，而君主對臣民必須「徇衆好，謀衆利」，才能使百姓心悅誠服。所以，他強調：

蓋聞大器非一人之私，大事非獨立所建，是故利不及衆，所以起天下之爭；爵不求賢，所以萃天下之怨。（註四四）

所謂「大器非一人之私」，帝王不能專有天下的觀念，已潛在他的意識中。因此，他提倡君主行堯、舜的仁義政治，以使天下歸心的做法。明史記載他「性剛，嫉惡，與物多忤」（註四五）的個人風格，正是他不畏挑戰，在專制政權下，能直斷天下公論的勇敢精神。他的政治主張不但提出「民治」與「民享」的思想，以及「大同世界」的政治理念，更突顯中國傳統政治思想，「德治」和「民本」的兩項基本要求。

二、宋濂

明初宋濂是名重一世的大儒，他終生以輔俗化民爲務，他的政治理念是強調「國以民爲本」的，他認爲愛民就必須富民，富民才是興邦之道。他說：

民富則君不至獨貧，民貧則君何能獨富？損利於民，實興邦之要道也！（註四六）

又說：

均田之法不行，兼併之風不息，雖堯、舜復生，不足以言治。（註四七）

他以爲愛民、富民之道，莫過於推行仁義，他鼓勵人人都秉持自強不息的學習精神，使自己成爲堯、舜一樣的聖賢。他告訴朱元璋，三代所以成就爲盛世，就是因爲推行仁義的結果，他苦口婆心的勸道：

人主誠以禮義治心，則邪說不入，以學校治民，則禍亂不興，刑罰非所先也。（註四八）

又說：

春秋乃孔子褒善貶惡之書，苟能遵行，則賞罰適中，天下可定也。……得天下以人心爲本，人心不固，雖金帛充牣，將焉用之。（註四九）

這種「得民者昌」的政治哲學，正是宋濂主張恤民、富民、安民的思想基礎。

他還提出官員是爲民服務的嶄新觀念，他說：

古之人仕也，欲安斯民，覩斯民遑遑於塗岸之中，其心惻然。曰：彼人也，我亦人也，厥心則同一身也；我之才足以有爲也，苟棄之而不救，則非人也。然欲救之，非仕不可也，如斯而已矣，豈知所謂榮與名哉？……譬之渡長江之險，必藉舟楫之利；適千里之遠者，必藉騏驥之力；行濟物之志者，必假祿爵之貴，祿爵之貴何有于我哉？（註五〇）

他認爲「祿者出於民，所以傭我之心力」，「受民之傭，而無功以報之，則爲苟祿」（註五一），像這種理念也就是將官吏視爲爲民服務的公僕，這種主張與今天民主社會的理念並無二致。

由此可知，宋濂推行古聖賢的治道，主張以仁爲主，推行愛民思想，強調「眞儒在用世」的理念，實在是薪傳中國傳統政治思想：堯、舜有德無怨的仁義之政，孔子爲政首在愛民的思想（註五二），以及孟子「民貴君輕」的民本主義（註五三）。而儒家傳統政治哲學，便是以「仁」爲最終、最高的道德目標，以「天下爲公，不獨親其親，子其子，使老有所終，壯有所用，幼有所長」的大同世界（註五四）爲最高的政治理想。

三、方孝孺

洪武晚年，知識份子呼籲政治改革，要求省刑罰，正官職，行均田等；在朝以解縉爲代表，他有上大庖西封事和太平十策等文章（註五五），在野則以孝孺爲代表。

孝孺自幼即以經世爲志，他身處明初，眼見絕對專制制度的形成，嚴刑峻罰所造成的冤獄無數。洪武十八年，太祖立下「寰中士大夫不爲君用，其罪至抄劄」的大誥（註五六）。又廿二史劄記中也記錄，明初士人視仕宦爲畏途，大多是因爲刑法過於嚴苛（註五七）。他在與葉夷仲先生一文中說：

自括髮以來，心遑遑不知所依。居則忽忽如有遺，行道常若豺貍在後而相追，聞人疾呼暴走，即震魄駭膽，周章四顧。見持捉當道者，輒驚懼汗出，何者？傷弓之鳥，見曲枝則叫號而避之，非虛語也。（註五八）

由於父親含冤受戮，恩師宋濂坐胡黨卒，家道中落，加上數次興訟，幾至不測，又遭斷糧貧病，造成孝孺心理極大的恐懼。這種專制政權下的嚴苛刑法，所造成的各種社會問題，對孝孺而言，實有切身之痛。因此，激發了孝孺反專制思想的政治警覺，認清當時社會的急迫需要，他提倡民本說，並鉤勒出地方建設和社會建設的各種措施，來改革現實政治的弊端，而成爲明初主張政治改革的學者中，唯一能提出解決從中央至地方，一套最有系統的理想方案。

沈剛伯先生在方孝孺的政治學說一文中說：

總之，方孝孺是不折不扣底在兵禍、戰火、暴力、苛政之下，過了一生。他天天看見兵匪橫行，生民塗炭，更親自領略到統治者之以暴易暴而不自知其非，同社會之土崩瓦解而幾難自存，能不從根本上探討世亂之源，更從制度上籌劃安天下之策嗎？孔子見亂臣賊子橫行而作春秋，孟子覩殺人盈城盈野，而倡民貴君輕，善戰服刑之說。方氏遭遇之亂過於孔孟之時，所以他的政治學說都是語重心長，充份表現出他的操心之危與慮患之深。（註五九）

而蕭公權先生在他的中國政治思想史中說：

明代政論特點之一，即注意於民本、民族之觀念，上復先秦古學，下開近世風氣。明初之劉基、方孝孺……皆對專制天下之弊政，加以嚴重之攻擊，然此數人之學術既仍本之儒家。（註六〇）

因此，孝孺的政治思想是受到儒學的啓發，而產生的政治理念、政治主張及平均地權、君主立憲等政治理想藍圖。

第三節　方孝孺的政治思想

一、政治理念

在本書第二章談方孝孺的人格與抱負中，以「利民安邦的智者」爲題，敍述孝孺政治胸襟與政治理念的部分中，曾說明他的政治理念是以民爲本的，他一生奮鬥的目標，就是要效法聖賢「人溺己溺，人饑己饑」的政治胸襟，做到像伊尹、周公「輔明君，樹勳業」的境界，而達到爲民服務的政治理想。在尙友五贊的序文中，他說：

有憂世之志，而無經世之才，有經世之才，而無成物之德；欲以有爲於天下，皆古昔之所難也。……吾求士於二千載之間，功業赫然可稱，而秉心操行不倍於聖賢之道者，得五人焉。（註六一）

他所說的五個人是指諸葛武侯（亮）、陸宣公（贄）、范文正公（仲淹）、韓忠獻公（琦）和司馬文正公（光），他們都是具備了「憂世之志」、「經世之才」、「成物之德」等條件的偉大政治家，由孝孺對他們的推崇備至，我們可以看出孝孺經世憂民的政治抱負，是何等的偉大。

(一)天人合一

方孝孺的政治思想導源於天人合一的理念，這和董仲舒論天人三策的「天人一體」、「天人合德」的觀念是一致的。天人策說明天是具有意志和智力的自然主宰者，而「仁」則是代表天心（註六二）。孝孺談天人的關係，基本上他是以「天命可畏，君子知可畏之理，故無可畏之患。」（註六三）說明對自然主宰的敬畏。至於談到天人的源起，在前一章的「天道觀」中，孝孺是這樣解釋的：天地化育萬物，由於二氣五行的運作，但是由於氣勢精粗有所不同，而使萬物有別，百類不同。在體仁一文中，他說：

是氣行乎天地之間，而萬物資之以生，猶江河之流，渾涵淵淪，其所衝激不同，而所著之狀亦異。大或如蛟龍，小或如珠璣；或聲聞數千里，而或汩然而止。水非有意爲巨細於其間也，而萬變錯出而不可禦，人何以異於斯乎？

同文又說：

天之生人，豈不欲使之各得其所哉？然而勢有所不能，故托諸人以任之，俾有餘補不足。智愚之相懸，貧富之相殊，此出於氣運之相激而成者，天非欲其如此不齊也，而卒不能免焉。……智或可以綜覈海內，而闇者無以謀其躬；財或可以及百世，而餒者無一啜之粟。天非不欲人人皆智且富也，而不能者，勢不可也，勢之所在，天不能爲，而人可以爲之。故立君師以治，使得於天厚者，不自專其用，薄者亦有所仰以容其身，然後天地之意得，聖人之用行，而政教之說起。（註六四）

在這篇文章中，孝孺已經將天人的關係緊密地結合在一起。爲了達到「天人一體」的目的，他在另一篇文章中又再次強調這種觀點，他說：

蓋天之授人以才智，非欲其自謀一身而已，固將望之補天道之所不能，助生民之所不及焉。（註六五）

也就是說，「氣行乎天地之間，而萬物資之以生」，經過「氣運之相激」，使人稟賦各異，得天授予多智的人，上天期望能發揮「有餘補不足」的力量，使「得於天厚者，不自專其用，薄者亦有所仰以容其身」。所以，他認爲天所賦予的職責，基於「天人合德」的理念而來，他說：

> 天之所賦於我者，若是其大也，吾充之盡其道，則可以運陰陽而順四時，輔天地而遂萬物。……養之得其義，可以與日月同其明，河海同其容，施之澤四表，歛之善一身。（註六六）

又說：

> 處天下之大位者，必基之以天下盛德而後可。德不足而位有餘，天道之所不與也。（註六七）

在這裏最重要的是說明，天是大自然的主宰者，它以仁德被澤萬物，是希望萬物互相依賴而生存；然而「勢有所不能，故托諸人以任之」，受天託付的人，依循天理，以善心來輔助天地所不及的地方，使萬物各得其所。但是這個人「善不足」則「天不與也」（註六八）。惟有以著「積至誠，用大德，以結乎天心，使天眷其德，若慈母之保赤子而不忍釋。」（註六九）才能使天人合一。這也是說，天人之間原本就是一體兩面，相輔相成，以有餘補不足的；人結合天心，以至仁、至善的本然之性，去服務生民，就是以「天人合德」達到「天人合一」的理想。

孝孺就是以這種天人合而爲一體的理念出發，凡事盡人事來迎合天道，循著萬物的本性，去治理萬事萬物。所以，他的政治思想完全是以生民爲本的，是憂民憂時的，是大公無私的。

(二)民本思想

孝孺的民本思想根源於天人合一的理念，而他立論的基礎，則是得自孟子民貴君輕政治主張的啓發，他說：

天之立君也，非以私一人而富貴之，將使其涵育斯民，俾各得其所也。善於知天者，不敢恃天命之在我，而惟恐不足以承天之命，不敢以天下爲樂，而以天下爲憂，視斯民之未安，猶赤子之在抱，養之以寬，而推之以恕，澤之以大德，而結之以至誠，使其心服於我，而不能釋，然後天命可得而保矣。（註七〇）

換言之，天生衆民，但氓氓衆生資稟優劣各有異同，上天無法兼顧而教養之，因此立才智超衆的人爲君長，代天行道，教養人民。也就是說天立君長，他們的職責在養民，在涵育人民，以先天下之憂爲憂。他在君職一文中，用人君應盡教養的職責和人民應盡賦役納稅的義務，來說明君職相對的特性，他說：

能均天下之謂君，臣覆兆民之謂君，立政教、作禮樂，使善惡各得其所之謂君。……天之立君，所以爲民，非使其民奉乎君也。然而勢不免粟米布帛以給之者，以爲將仰之平其曲直，除所患苦，濟所不足，而教所不能，不可不致夫尊榮恭順之禮。此民之情然，非天之意也。天之意以爲位乎民上者，當養斯民；德高衆人者，當輔衆人之不至，固其職宜然耳，奚可以爲功哉？後世人君知民之職在乎奉上，而不知君之職在乎養民。是以求於民者致其詳，而盡於己者卒怠而不修。賦稅之不時，力役之不共，則誅責必加焉；政教之不舉，禮樂之不修，弱強貧富之不得其所，則若罔聞知。（註七一）

事實上，孝孺所接受的教育和他極盡孝道的本質，已經使他成爲一個極爲忠君與尊君的儒者。但是他卻一再強調人君的職位，是以養民爲主要任務，而且強調君是因爲民而存在的觀念，顯然孝孺民本思想的主張，在他所遭逢的時代和生活體驗中，已經根深蒂固地涵養於他的內心深處了。他讚歎元魏甄琛請罷鹽池之稅說：「一家之長必惠養子孫，天下之君必惠養兆民，未有爲人父母，而吝其醯鹽富有群生，而榷其一物者也。」實爲至理名言。所以在甄琛一文中，他說：

> 人君之職爲天養民者也，然一人至寡也，天下至衆也，人君果何以養之哉？惟用天之所產以養天民而已。五材百物不能自察其可用而用之，故人君者導之以取之之方，資之以用之之要，使生乎天地之間者，不至於無用，用天下之物者，不至於無節，此君人者之職也。……甄琛之言，世俗訾笑以爲迂而不適於用，不知世俗之所謂迂者，皆先王之所取也。（註七二）

另外，他舉隋文帝的治道爲例，來說明民本思想：隋文帝撫有華夏，續數百年的正統，而當時天下戶口蕃殖，國用富溢，外敵不敢與之對抗，實在歸功於文帝的躬履節儉和愛民子庶的治道。他對臣子說：

> 「寧餘於民，無藏府庫。」（註七三）

他又罷鹽酒之禁，減庸調之額，死罪三奏而後行刑，褒賞治民有政績的官吏等等愛民措施爲民服務，這些以民爲本的作風，都是使人口增加，國家富強的主要方法（註七三）。

由此，我們很清楚地體會出孝孺的政治理念，是以便民、利民的民本思想爲主，而他的政治主張也是基於「民本思想」和「天人合一」的觀念而建立的。在這裏，還要加以說明的是孝孺以儒家的天命、知命等傳統觀念規範了君權，藉著史官的褒貶，上天的賞罰，人民的叛亂爲警告，期望君主能恢復三代的德治，爲民服務，來落實自己的政治主張。

二、政治主張

方孝孺的政治理念既以民爲本，他更進一步說明政治的功用，就是養民和教民。他反對以暴易暴的方式（註七四），認爲建立以仁義爲中心的制度，才能保障人民的權益。他說：

古之聖人既行仁義之政矣，以爲未足以盡天下之變。於是推仁義而寓之於法，使吾之法行，而仁義亦隱行其中。故望吾之法者，知其可畏而不犯；中乎法者，知法之立無非仁義而不怨；用法而誅其民，其民信之曰：「是非好法，行也，欲行仁義也。」故堯舜之世有不誅，誅而海內服其公，以其立法善而然也。夫法之立，豈爲利其國乎？豈以保其子孫之不亡乎？其意將以利民爾。故法苟足以利民，雖成於異代，出於他人，守之可也。（註七五）

孝孺認爲理想的制度是政治的根本，而創業君主若能體察民意，立法制，本諸仁義，就可以建立一個以人民利益爲準的制度，這就是仁政的具體表現。所以聖賢立制度的目的，在於廣泛的推行仁政，以恩澤百姓，這樣才能建立一種獲得人民共同遵守並維護的完善制度。

以這樣的前提來談孝孺的政治主張，可分爲兩方面來談。一是實行鄉族制度，以從事地方建設，來養育人民；二是完成社會建設的正俗和教化工作，來教育人民。所以，他在謝氏族譜序中說：

先王之盛，以井地養民，以比閭、族黨之法，聯民以學校，三物之典教民，凡群居耦聚者，非必有昆弟之親，宗族之序，然貧能相收，患能相卹，喪相助而死相葬，喜相慶而戚相憂，小而五家之比，大而萬二千五百家之鄉，其情如骨肉之親之厚且篤也。（註七六）

孝孺推崇先王實行井田制度，對百姓的貢獻，所以擬出一套「鄉族制度」以承先人之舊。他所謂的「鄉族制度」，就是現在所說的地方自治組織，是屬於地方基層建設。藉著宗族組織和鄉黨組織的地方自治力量，來推動鄉里間政教等有關的重要福利措施。也就是說，鄉民結合血緣和地緣關係，憑藉大家互助合作，自動自發的自治力量，推動鄉里的文化、教育、經濟等事務，使鄉族自治組織本身具有「教」和「養」的功能，以自給自足，繁榮地方。

孝孺認爲鄉族制度，正是從基層建設做起，來建立地方良好的文教、農經等制度，再從事社會建設，以解決社會問題的根本方法。

㈠地方建設—鄉族制度

1.宗族組織

孝孺在宗儀序文中說：

君子之道，本於身，行諸家，而推於天下則。家者，身之符，天下之本也。（註七七）

家是社會國家最基本的一個單位，所謂「修身、齊家、治國、平天下」，孝孺將宗儀諸篇文章，視爲正家之道」，就是這個道理。他認爲人與物最大的不同，在於人「知本」；因爲仁、義、禮、智、信五性是上天賦予人的良知良能，至於敬祖、祭祖更是血緣親情自然表露的本能（註七八）。而由血緣關係而產生的宗族團體，在情感和互助的基礎下，發揮道德、教化的功能和養生送死、撫卹等工作，是從事地方建設的第一步。

孝孺說宗族組織的主要功能有六項：㈠置義田（睦族）；㈡擇族醫（睦族）；㈢設族學（睦族）；㈣立祠堂（廣睦）；㈤行聚會（廣睦）；㈥定族譜（尊祖）。如此一來，設置義田可卹貧濟弱，族人有疾病可以得到免費治療，族學又提供普徧的教育機會，整個宗族組織就兼具教養的功能，使得這種以血緣爲基礎的組織，更加與地緣關係緊密地結合在一起。

2. 鄉黨組織

宗族組織互助的範圍較小，孝孺欲推而廣之「試諸鄉閭，以爲政本」（註七九）。他在廣睦一文中強調說：

人之親疏有恒理，而無恒情。自同祖而推至於無服，又至於同姓。愛敬之道，厚薄之施，固出於天而不可易，然有親而若疏者，有疏而若親者，常情變於所習也。閱歲時而不相見，則同姓如路人，比廬舍同勞逸，酒食之會不絕，則交游之人若昆弟。使同姓如路人，他人如昆弟，斯豈人之至情哉？物有以移之，君子未必然，而常情所不能免也。聖人之治人，以常人之情爲中制，俾厚者加厚，而薄者不至於離，恐其以不接而疏，疏而不相恤也。故爲之祭酺之法，合之以燕樂飲食，以洽其歡忻。慈愛之情，恐其徇於利而不知道也；肅之以鄉射讀法，使之祇敬戒愼而不至於怠肆。祭而酺，所以爲樂也；讀法，所以爲禮也。約民於禮樂，而親者愈親，疏者相睦，此先王之所以爲盛也哉！舉而行諸天下，今未見其不可也，然非士之職也，故欲自族而行之鄉，爲之制。（註八〇）

孝孺指出鄉里鄰舍，「比廬舍、同勞逸、酒食之會不絕」，彼此交往密切，因此能守望相助，濟難抒困，進而互助合作來發揮團體的實質效益。這正是孝孺「自族而行之鄉，爲之制」的理念，旨在有計劃的推展地方上各項福利措施。鄉黨因範圍大，資源豐富，所以它的福利功效也相對的擴大和普及，它的重要功能是：㈠設鄉廩二處，以儲蓄賑卹，抑富濟貧（體仁）；㈡立學校三所，以實施學校教育和社會教化（體仁）；㈢舉行各種聚會，以聯絡感情和制裁約束（廣睦）；㈣建立祠堂，揭嘉善、媿頑，以示勸誡（體仁）。

孝孺認爲鄉黨組織的缺點是對鄉民的約束力小，教化功能較差；而宗族組織因以血緣親情爲基礎，約束力大，管教嚴格，能徹底達到教化的功能。所以，他主張聯合鄉黨與宗族兩種組織，成爲鄉族制度，正可以守望相助，互補不足，以眞正達到基層建設的教養目的。

㈡社會建設——正俗與教化

孝孺把地方基層建設的制度確立，以達到教民、養民的目的，使人民衣食無虞，恪遵道德規範，這是社會建設的第一步。但要想建立一個安和樂利的社會，孝孺認爲應該以正俗和教化爲急務，他在葛氏族譜序中說：

> 天下之俗不能自成，由乎一國之俗；國俗之所興，由乎一鄉之俗；鄉俗之所起，由乎一族之俗……予嘗觀世之名族子孫，相傳閱數百載而不墜者，其祖必有盛德餘善以爲之基，而又能防範扶植，以維持其變，是以薰涵漸漬以成其風俗，及俗之既成，耳目之際，皆足以化其心，固能不奪于世。（註八一）

在陳野翁字說中談到：

> 若先王之治天下，常養斯民至美之樸，於政教之先，使之不以物遷，不以習變，而不至於不可繼，是以安化而易使，和柔而易制。（註八二）

又說：

> 士之所學，以善俗化民爲本。（註八三）

他認爲「士之高卑，在道德、心志，不在隱顯」（註八四），「事不關於倫理，而德不足爲重」（註八五）。所以，他舉實例說明風俗影響所及，是主政者所該正視的。他說：

> 西漢尙經術，故士多通經而達理；東漢尙風節，故士多自重而不役於利祿；唐尙諫諍，故抗直之士衆。（註八六）

而正俗必須藉著教化，才能潛移默化，導之以正。所以，先王治理天下，都著重於至美至樸的風俗，來教養人民，爲他們尋求安和樂利的生活，他在司馬孚一文中說：

> 教化不明，君臣上下不知道也。一家之敗，必始於不學之人；一國之亂，必興於不教之地。天

下之禍常發於無道之國，先王必以教化爲先務，而不敢忽者，豈苟然哉？（註八七）

而教化首重在「端其本、正其心」（註八八），孝孺說：

三代聖人用此器也（仁、義、禮、樂），驗之於身而誠，推之於家而和，然後發之於政教，故人之從之者，信而化之也。（註八九）

又說：

政教可以善俗，而文章言語可以化民。（註九〇）

由以上論述可知，孝孺認爲社會建設的首要目標，就是興教化以正俗。這也是孝孺主張以社會建設來解決社會問題，而建立一個完善的社會制度，是解決政治問題的根本法則。所以，他輔佐惠帝時，推行了一系列的新政：例如興禮樂，寬刑法（註九一），均免賦役，更定官制（註九二）等等措施，都是以仁義禮樂化民的政治思想，使朝廷重禮義，興教化，上行而下效，達成他「明王道、致太平」的神聖使命。

三、平均地權

我國自古以農立國，所以田地的平均與否，關係著人民貴賤、貧富的現象，而土地嚴重的不均，就造成了社會問題。孝孺認爲基本上，人生來就應該一律平等，所以他一而再，再而三的說：

天之生人，豈不欲使之各得其所哉！（註九三）

均為天民，奚貴奚賤而肆力以虐乎？（註九四）

孰非民乎？孰富孰貧乎？孰衣文綉，孰如懸鶉乎？屈為庸隸，天寧不仁乎？（註九五）

他確信政治的功能，就是以天地所生產的糧食，平均的來養育人民，「使得於天厚者不自專其用，薄者亦有所仰以容其身」（註九六）。他又說：

為國之道安於均，定於分。（註九七）

在與友人論井田一文中也說：

今富貴不同，富者之威，上足以持公府之柄，下足以鉗小民之財；公家有散於小民，小民未必得也；有取於富家者，則小民已代之輸矣。富者益富，貧者益貧，二者皆亂之本也。……井田之行，則四海無閒民，而又有政令以申之，德禮以化之，鄉胥里師之教，不絕乎耳；苛取暴征之法，不及乎身，何苦而亂乎？使陳涉、韓信有一廛之宅，一區之田，不仰於人，則且終身為南畝之民，何暇反乎？僕故曰：「井田之廢，亂之所生也。」（註九八）

一國的土地，關係著百姓的生活問題，富者兼併土地「上足以持公府之柄，下足以鉗小民之財」，使得貴賤貧富懸殊過甚，而造成大亂。他認為要縮小貧富差距，應該建立好的制度，而井田制度是「三代聖人公天下之大典」（註九九），是孝孺認為最理想而又能平均地權的制度。但他所說的「井田」，並非一味循周禮之舊法，而僅「師古人之意」，效法古制的優點，實施的時候兼顧各地區狀況的不同，而做法各殊，他舉例說：

以吳、越言之，山溪險絕，而人民稠也。夫山溪之地，雖成周之世，亦用貢法，而豈強欲堙卑夷高以盡井哉？但使人人有田，田各有公田，通力趨事相救相恤，不失先王之意，則可矣。而江漢以北，平壤千里，畫而井之，甚易爲力也。（註一〇〇）

這樣的做法，在明初動亂方歇，人口銳減的情況下，土地政策的重新規劃，使耕者各有其田，孝孺的主張是合乎實際需要的，也是解決社會問題，安定社會的根本方法。

四、君主立憲

孝孺在君職一文中說：

能均天下之謂君，臣覆兆民之謂君，立政教、作禮樂，使善惡各得其所之謂君。生民之初，固未嘗有君也，衆聚而欲滋，情熾而爭起，不能自決，於是乎有才智者出而君長之。（註一〇一）

在此，孝孺對君長的職責做了兩項基本的要求，一是能「均天下」以塞動亂的根源；二是能教民、養民，使人民各得其所。而君主的地位，以「仁義而王，道德而治」爲正統，反之則爲變統，這是取孔子春秋正名的微言大意。（註一〇二）他說：

正統之君，非吾貴之也；變統之君，非吾賤之也。賢者得民心，得民心民斯尊之矣；民尊之則天與之矣，安得不貴之乎？非其類，無其德，民必惡之，當時惡之，後世以其位而尊之，則違乎天矣，故不得不賤之也。（註一〇三）

在這裏，他強調「得民者昌」的道理。在君學一文中，他指出，一個君長學習爲政的方法，在於「敬天仁民，別賢否，明是非數者而已，而必皆以正心爲本。（註一〇四）在君量一文中，他說：

> 智周乎萬物，才高乎衆人者，可以取天下而不可以守天下；仁足以施法政，義足以洽乎民心者，可以守天下而未能使天下悅而不忘。善爲智者，蓋有不用智，而無不明；不以才自名者，無所不成。德洽令孚，而人莫能忘其仁義，其惟量足以容天下者能之乎？（註一〇五）

都是在呼籲君主行仁政，做爲立國的基礎。孝孺在朱明專制政權的恐怖統治下，能提出這種以民意爲主的政治主張，規範君主的行爲，正是他能在「靖難之役」中，不懼威勢，臨難赴義，大勇精神的寫照。

他在讀呂氏春秋一文中說：

> 世之謂嚴酷者，必曰秦法，而爲相者乃廣致賓客以著書，書皆詆訾時君爲俗主，至數秦先王之過，無所憚。若是者皆後世之所甚諱，而秦不以罪。嗚呼！然則秦法猶寬也。（註一〇六）

所謂寬政納言，時人的言論、史家的褒貶，都是君主治道和政治教育不可或缺的。因此，帝王應該具備大公無私、大度有容的氣度，注重輿論民情，建立一個爲天養民的良好制度。最後，孝孺把規範君主的道德力量，付託於史學家對歷史的神聖責任，他說：

> 史氏者，所以賞罰天子，而立天下之大公於世。故天子所賞而濫，天下莫敢問，史氏得以奪之。天子之所罰而僭，天下莫敢言，史氏得以予之。天子之身所爲有當否乎？其下者莫敢是非也，史氏秉大公之道是非之。故天子之賞罰信於當時，史氏之賞罰信於萬世。……君子謂史氏之

柄不在天子下，彼以其位，此以其公也。（註一〇七）

這是孝孺對歷史學者做了最高的評價。沈剛伯先生說：

若用現代的政治術語來說，方氏所主張的正是「虛君政體」，也就是英國人經過幾次革命，才能完全實現於十八世紀的那種「憲政君主政治」。（註一〇八）

所以，孝孺的政治思想中，君主立憲也是重要的政論之一。

第四節　結　語

孟子梁惠王篇說：

賊仁者，謂之賊；賊義者，謂之殘。殘賊之人，謂之一夫。聞誅一夫紂矣，未聞弒君也。（註一〇九）

這是孟子主張貴民思想所發出的警惕語。但是孔子却說：

韶：盡美矣，又盡善也。武：盡美矣，未盡善也。（註一一〇）

孔子的政治理想在堯舜的禪讓制度，他反對以武力殘民以逞，以暴易暴，所以說：「未盡善也」。

孝孺承襲儒家用世思想，而又身在明朝極權專制的政治制度下，遭逢時代的衝擊，貧病交迫的現實壓力下，使他深刻地瞭解民生迫切的需要，於是他提出改善人民生活的各種制度，以天人合一的觀念和為民服務的精神，勸誡君主以德養民，迎合天意；又鼓勵百姓自治自養，來改善現實環境與日常生活。

中國傳統社會的結構和政治制度，使得幅員遼濶的「地方」，缺乏基層建設的良好制度，孝孺就依據它的特性，來構思自己的政治主張。他指出「政教」是根源於聖人體恤天地仁心，所以立君來教養人民；然而天下芸芸衆生，以一二人有限的力量，根本無法兼顧。所以，他挺身而出，本著先王行井田制度的優點，配合傳統社會結構，擬定鄉族制度，使人民因互助合作，自謀教養，才會有好的出路。這是他精心策劃出為百姓謀福利的一套完善制度，來實踐自己政治抱負的理想。他說：

欲天下之治，而不修為治之法，治不可致也。欲行為治之法，而不得行法之人，法不可行也。故法為要，人次之。二者俱存則治，俱弊則亂，俱無則亡，偏存焉則危。（註一一一）

因此，他認為要維繫人民富足、社會安定的基礎，實有賴於制度的設立。而孝孺以「鄉族制度」來改善地方建設，以「正俗」、「教化」完成社會建設，主張中央更定官制，除去嚴刑峻法，銳意文治，崇尚禮教，實行仁政，接著推行平均地權和君主立憲，來解決社會問題，以達成社會均富、社會大同的理想。茲將孝孺的政治思想圖解如下，以供參考，並為結語：

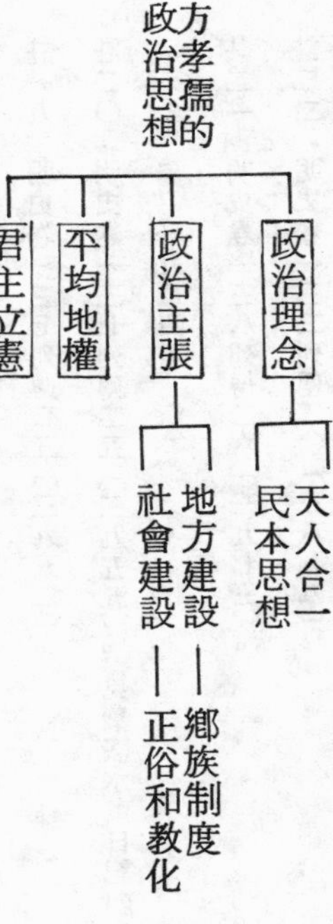

【附註】

註一　黃佐南廱志卷一〇謨訓考下，中央圖書館藏舊鈔本。

註二　明史太祖本紀（一）。以下各註，凡引用明史，以鼎文版，新校本明史幷附編六種的頁次爲準，（　）表示頁碼。

註三　明史太祖本紀贊（五六）。

註四　廿二史劄記卷三十二明祖行事多仿漢高（七三二），清趙翼撰，杜維運考證，鼎文書局，六四年。

註五　明通鑑卷一，紀一，太祖洪武元年一月。（清夏燮撰，世界書局，五一年一一月）

註六　明史卷二八一循吏列傳一六九（七一八五）。

註七　明通鑑卷八，紀八，太祖洪武十八年十一月。

註八　明太祖實錄卷四一，洪武二年四月。

註　九　明通鑑卷一，紀一，太祖洪武元年十一月。

註一〇　明史卷一一五列傳三興宗孝康皇帝（三五四九）。

註一一　同註一〇（三五四八）。

註一二　同註一〇。

註一三　明史太祖本紀（二八、五一、五三）：洪武元年三月癸卯頒「昭鑒錄」，洪武二十六年十二月頒「永鑑錄」，洪武二十八年九月頒「皇明祖訓條章」。

註一四　明通鑑卷一，紀一，太祖洪武元年十一月。

註一五　明史卷一一六諸王列傳：秦王樉，多過失，召還京師（三五六〇）。魯王檀，餌金石藥，毒發傷目，帝惡之（三五七五）。晉王棡，笞膳夫，帝馳諭事（三五六二）。

註一六　明王褘撰王忠文集卷十二封諸王詔（二四六），四庫全書集部別集五，總一二二六冊。

註一七　方孝孺遜志齋集卷一四（四一七）（同第二章註二）。

註一八　廿二史劄記卷三十二（七三八）。

註一九　明史卷一三七列傳二五（三九五二）。

註二〇　明史卷一三七列傳二五（三九五五）。見葉盛水東日記四十卷卷四（筆記小說大觀三十六編第三冊，新興書局，一九八四年。）

註二一　明史卷一三八列傳二六（三九七三）。

註二二　明史卷一三二列傳二〇（三八五九）。

註二三　趙翼廿二史劄記卷三十二明祖晚年去嚴刑（七四一）。

註二四　明史卷一四七列傳三五解縉（四一一五）。

註二五　明史卷三太祖本紀（五二）。

註二六　明史卷九四刑法志七〇（二三一八）。

註二七　明史卷九四刑法志七〇（二三一八）記載：空印事發，每歲布政司、府、州縣吏，詣戶部覈錢糧、軍需諸事，以道遠預持空印文書，遇部駁即改，以爲常。及是，帝疑有姦，大怒，論諸長吏死，佐貳榜百戍邊。又郭桓者，戶郭侍郎也，帝疑北平二司官吏李彧、趙全德等與桓爲姦利，自六部左右侍郎下皆死，贓七百萬，詞連直省諸官吏，繫死者數萬人。

註二八　廿二史劄記卷三十二胡藍之獄（七三八）。又明史卷三〇八奸臣列傳一九六（七九〇六），卷一三二列傳二〇（三八六三～三八六六）。

註二九　明史卷一三九列傳二七（三九九八）。

註三〇　明史卷一四一列傳二九（四〇二三）。

註三一　明史卷二八一列傳一六九（七一八七）。

註三二　明史卷一二八列傳一六（三七八四）。

註三三　明史卷一三九列傳二七（三九九〇）。

註三四　明史卷一三九列傳二七（三九八九）。

註三五　明史卷一三九列傳二七（三九八六）、（三九九九）。

註三六　明史卷九四刑法志七〇（二三一八）：貴溪儒士夏伯啓叔姪斷指不仕，蘇州人才姚潤、王謨被徵不至，皆誅而籍其家。

註三七　同註四（七三七）。

註三八　遜志齋集卷十四（四一九）。

註三九　新書卷九大政上（四四六），文淵閣四庫全書儒家總六九五冊。

註四〇　春秋繁露卷七堯舜不擅移，湯武不專殺第二十五（七四四），商務景印文淵閣四庫全書總一八一冊。

註四一　孟子盡心下。（同第三章註一二）

註四二　誠意伯文集卷十九郁離子蛇蝎篇（四五三），以下凡引用此書，以商務景印文淵閣四庫全書別集五總一二二五冊爲準。

註四三　誠意伯文集卷十九郁離子神仙篇（四五五）。

註四四　誠意伯文集卷六擬連珠六十八首（一六四）。

註四五　明史一二八列傳一六劉基（三七七七）。

註四六　宋學士全集附錄卷二（四三九），叢書集成新編第六十七冊，新文豐出版公司，民國七四年。

註四七　龍門子凝道記卷下林勳微第十一（二四四），叢書集成新編二十一冊，新文豐出版公司，民國七四年。

註四八　明史一二八列傳一六宋濂（三七八六）。

註四九　同註四八（三七八四）。

註五〇　龍門子凝道記卷中憫世樞第一（二三五），叢書集成新編二十一冊，新文豐出版公司，民國七四年。

註五一　宋濂文憲集卷三遁耕軒記（三一二）。

註五二　論語公治長篇第五。

註五三　孟子盡心篇下。

註五四　禮記禮運篇：孔子曰：「大道之行也，與三代之英，丘未之逮也，而有志焉。大道之行也，天下爲公，選賢與能，講信修睦，故人不獨親其親，不獨子其子，使老有所終，壯有所用，幼有所長，矜寡孤獨廢疾者，皆有所養，男有分，女有歸，貨惡其棄於地也，不必藏於己，力惡其不出於身也，不必爲己，是故謀閉而不興，盜竊亂賊而不作，故外戶而不閉，是謂大同。

註五五　明史卷一四七列傳三五解縉（四一一五）。

註五六　明史卷九四刑法志七〇（二三八四）。

註五七　廿二史箚記卷三二明初文人多不仕（七三七）。

註五八　遜志齋集卷九（二七七）。

註五九　大陸雜誌第二二卷第五期，民國二〇年三月十五日出版。

註六〇　中國政治思想史㈣第三篇第十六章（五五七～五五八），四三年八月中華文化出版事業委員會。

註六一　遜志齋集卷一九（五五〇）。

註六二　參考李威熊董仲舒與西漢學術，文史哲出版社，六七年。

註六三　遜志齋集卷七畏說（二二七）。

註六四　遜志齋集卷一宗儀九首之九體仁（八四）。

註六五　遜志齋集卷一七後樂堂記（五〇七）。

註六六　遜志齋集卷一四贈林公輔序（四〇八）。
註六七　遜志齋集卷一七御賜訓辭記（五〇〇）。
註六八　遜志齋集卷一六餘慶堂記（四七三）。
註六九　遜志齋集卷二深慮論一（九一）。
註七〇　遜志齋集卷二深慮論七（九六）。
註七一　遜志齋集卷三（一〇二）。
註七二　遜志齋集卷五甄琛（一七三）。
註七三　遜志齋集卷五隋文帝（一七五）。
註七四　遜志齋集卷三民政（一〇六）。
註七五　遜志齋集卷二深慮論六（九五）。
註七六　遜志齋集卷一三（三八三）。
註七七　遜志齋集卷一（七三）。
註七八　遜志齋集卷一尊祖（七三）。
註七九　遜志齋集卷一體仁（八五）。
註八〇　遜志齋集卷一（七七）。
註八一　遜志齋集卷一三（三八六）。
註八二　遜志齋集卷七（二三三）。

註八三　遜志齋集卷一四送太學趙孝先從軍詩序（四二九）。

註八四　遜志齋集卷一五企高軒記（四五一）。

註八五　遜志齋集卷一三望雲詩序（四〇三）。

註八六　遜志齋集卷五殷浩（一六六）。

註八七　遜志齋集卷五（一六五）。

註八八　遜志齋集卷一四送石君永常赴河南僉事序（四一〇）。

註八九　遜志齋集卷一五藏器軒記（四五五）。

註九〇　遜志齋集卷一三鄭生允充字序（四〇六）。

註九一　明史卷七三職官二（一七六七）。

註九二　遜志齋集卷一七御史府記（五〇四）：將都察院改爲御史府，「專以糾貪殘，舉循良，匡政事，宣敎化爲職」。又明史卷七二卷七三職官(一)(二)（一七二九～一七九二）亦載。又國榷卷十一洪武三十一年九月庚辰、建文元年二月乙丑、建文二月己巳、建文四月更朔乙巳等條，皆記載。

註九三　遜志齋集卷一體仁（八四）。

註九四　遜志齋集卷六雜問（二〇六）。

註九五　同註九四（二〇八）。

註九六　同註九三。

註九七　遜志齋集卷六公子對（二〇〇）。

註九八　遜志齋集卷十一（三二七）。
註九九　同註九八與友人論井田。
註一〇〇　同註九八（三二七）。
註一〇一　遜志齋集卷三君職（一〇二）。
註一〇二　遜志齋集卷二釋統上（八七）。
註一〇三　遜志齋集卷二釋統中（八八）。
註一〇四　遜志齋集卷三君學上（一〇〇）。
註一〇五　遜志齋集卷三（一〇一）。
註一〇六　遜志齋集卷四（一三六）。
註一〇七　遜志齋集卷五條侯傳論（一五〇）。
註一〇八　同註五九方孝孺的政治學說，收編在中國通史論文選輯第七編第二節（二九九～三一一）。
註一〇九　孟子梁惠王下（二七三）。（四書讀本，三民）
註一一〇　論語八佾第三（七七）。
註一一一　遜志齋集卷三官政（一〇五）。

第五章 結論

孝孺幼承家學，精敏絕倫，自幼即以孔、孟爲師，以伊、周自期。二十歲，從宋濂學，勤奮好學而至廢寢忘食的地步，使得學問日異而月殊，同門前輩像胡翰、蘇伯衡等人，都自嘆弗如遠甚。嘗遭斷糧絕炊，卻仍怡然自得，笑著對家人說：「古人三旬九食，貧豈獨我哉！」洪武二十五年，任漢中教授，講學不倦，博通今古；蜀獻王聞其賢，禮聘爲世子師，賜其讀書之廬曰「正學」，故後人尊稱他爲「正學先生」。（註一）

惠帝即位，召孝孺爲翰林侍講，後遷爲文學博士。帝好讀書，每有疑問，即召孝孺講解，君臣之間，情同師友。那時官修太祖實錄及類要諸書，孝孺皆膺任總裁；後燕王起兵反，廷議討之，詔檄等文都出自孝孺之手。建文四年，燕兵攻陷京師，惠帝遜國，孝孺被執下獄。燕王篡位，欲藉孝孺草詔天下，收攬人心；召至，孝孺悲慟聲徹殿陛，他擲筆拒絕，且哭且罵，燕王大怒，誅孝孺十族，磔殺於市。可憐孝孺一門忠烈，皆慷慨就義，無一倖免。（註二）

孝孺學術醇正，以經綸天下爲己任，時人譽爲程、朱再世，明儒學案稱：「持守之嚴，剛大之氣，與紫陽（朱熹）眞相伯仲，固爲有明之學祖也。」（註三）孝孺工文章，行文如萬斛泉源，隨地奔湧，又如穹蒼行雲，能飛能止，他每有作品出來，海內勢必爭相傳誦。明王可大先生在重刻正學方先生文集敍中說：

先生之文，醇正如紫陽朱子，理學如濂溪周子、兩程子，敍事如司馬子長，論議如陸宣公，而精神縝密，則與昌黎韓子相上下耳。（註四）

而最令人感佩的，是他安貧樂道、悲天憫人、忠孝節義的人格特質，使得一旦處鼎革之會，孝孺「裂肢體，湛十族，以抗萬乘之威」（註五），成仁取義的大無畏精神，不正和孟子「正人心，息邪說，距詖行」暨曾子所謂「自反而縮，雖千萬人，吾往矣！」（註六）浩然正氣的大勇精神相映照，互響應！而將我國固有文化「孔曰成仁，孟曰取義」的傳統精神，發揮得具體而微，淋漓盡致。亦如臨海趙淵在成都府方先生祠堂記中說：

君子之學，曷爲正？持其志，養其浩然之氣而已矣。是故志立則氣充，氣充則人與天一。無是氣，天地亦幾乎息矣，而況於人乎？吾台方先生希直，蚤以聖賢自期，其言曰：「學聖人者，須先識孟子，學孟子者，須先識浩然之氣。」（註七）

明初，新王朝鼎立，百廢待舉，由於順應久亂思治的歷史潮流，帝王大力提倡復古運動，加上官方配合實施各種獎勵辦法，使得當時的學術思潮，以學古達世和經世致用爲其特色，走上擬古務實的風尚。而孝孺的學術思想，正迎合這股時代的潮流，講究崇古尊經，發揚傳統儒學。他的思想體系以六經爲根柢，以孔孟爲依據，以理學爲模範（註八），將我國固有文化推陳出新，繼往開來。他尊經崇孔，敷揚政教，以理學精神爲指標，一生的職志，都是在發揚孔孟學說，貫徹傳統精神。孝孺說：「萬世之所共尊而師其言者，惟孔孟然。」（註九）黃孔昭先生在新刊遜志齋集後序文中說：「先生之學，固孔子、孟子之學也。孔孟之道，孰得而後之哉？」（註一〇）因此，我們可以說，孝孺之學就是孔孟之學，是毋庸置疑的。

在文學主張方面，孝孺利用「學以致用」、「文以載道」等思想理念，來說明文章就是爲道德、政教而作的，他說：「凡文之爲用，明道、立政二端而已。……取文之關乎道德、政教者爲書，謂之文統。」（註一一）又說：「古之君子，有德必有言，有學必有用。」（註一二）至於談到「道與文」相互的關係，他提出以下三個重點：文是明道、載道的工具；道本文末；文與道互爲表裏。（註一三）基本上，孝孺認爲文章的內容以「道明」爲本，文章的形式以「辭達」爲尚。而在這裏他所說的「道」，就是儒家聖賢之道，是用來修身與治國的。

另外，孝孺在張彥輝文集序中，提出「文與人類」的重要文論（註一四），他主張「文類其人」，除了說明文學個性化的特點之外，更可強調「道」是「文」的首要條件，再經由「聖賢之文，雖形貌不盡相同，然而『道』同。」的觀念，來表達「文與道」脣齒相依，相輔相成的積極意義。又文以「氣」爲根源，由於氣的運作，貫通全篇，而達到所謂「氣盛則文盛，文盛則道明辭達」的境界。因此，孝孺提出文學創作的基本原則是宗經（本源說），載道（實用說），出於自然（神思說）和富於變化（創新說）的，而大旨歸於「文」、「道」、「氣」三者，兼容並蓄，互相發明。（註一五）

綜合論之，孝孺的文學理論，如文統論係探討文、道、氣三者間相互的關係，都是以儒家思想爲中心，承先人之舊有，進而簡述自己的見解和發明，並加以發揚光大。我們讀他的文論、道說和理氣論，很清楚的瞭解他將儒學政教思想和理學精義，融會貫通，逆推而底於極，運用在自己的文學主張中，來調合古文家與道學家的見解和文論，更結合了古文與道學的價值，使自己的文論更具包容性，更富整體性（註一六）。

同樣的，在政治思想方面，孝孺也傳承儒家的學統，他主張以德治、正名等思想爲基礎的政治理念，激發了他爲民服務，以解決百姓教養問題的政治主張。他提出平均地權的方法來解決土地、均富等問題；以君主立憲制度，畫下他個人政治理想的藍圖。他鼓吹從事地方建設，藉著血緣和地緣關係的宗族組織和鄉黨組織，建立一種自給自足，卹貧濟弱的「鄉族制度」，來推動鄉里間的文化、教育、經濟、農業等事務，使鄉族成爲自治組織，而其本身就兼俱了「教」和「養」的功能及作用。其次，他更積極推動社會教育和社會制度，來解決社會問題。因爲孝孺認爲端正風俗是安定社會的首要條件，教化人民是提高百姓生活智能與技能的不二法則。孝孺說：「行於一人之身，而化極四海之內，觀於數百年之前，而驗於數百年之後者，風俗是也。」（註一七）又說：「三代之時，非不役民也；其法素備，其教素明，民皆知道而易使故也。」（註一八）所以，正俗與教化是社會建設刻不容緩的重要課題，這也是古今中外不變的眞理。（註一九）

在政治理念的認知上，孝孺提出人與生俱來就應該一律平等的說法，他更確信政治的功能，就是以天地所生產的糧食，平均的來膳養百姓，使人人不虞匱乏，可免於飢餓的威脅。於是，國家的功能，就是在縮小百姓貧富差距，以杜塞動亂的根源，使人人「安於均，定於分」（註二〇），百姓各盡所能，各得其所；同時這也是君王的職責所在。孝孺這種以民爲本的政治理念，促使他呼籲君王行仁政，做爲立國的基礎，以強調「得民者昌」的信念；而要求帝王應具備大公無私和有容乃大的氣度，注重輿論民情，一切制度都應該爲百姓謀福利。這公天下的思想，無異是君主立憲的發軔。（註二一）在明初，君主極端專制的制度下，孝孺的政治思想無非是主張擁有伊尹「思天下之民，有不與被堯、舜之澤者，若已推而內之溝中」（註二二）大政治家的胸襟，再實踐孟子所言「富貴不能淫，貧賤不能移，威武不能屈」（註二三）的大丈夫抱負。這種種的思想和行爲，實肇始於儒學的教誨與涵茹，若不是「學之正，志之篤」的人，那裏可以做得到呢？

孝孺努力傳承儒家思想的同時，又遭逢時代的動盪，在苛政、災荒和貧病交迫的親身經歷中，深刻的瞭解百姓的心聲和渴望，於是他不遺餘力的提出各種改善人民生活的福利制度，來落實儒家德治的政治理想。這一切的努力，在靖難事起，孝孺臨變赴義，視死如歸的悲痛史實中，做了最後奮力的一擊，也體現出他勇於負責的態度與學以致用的精神呢！換句話說，他是爲維護固有文化傳統精神的不墜，而付出的最高代價；這股爲傳統「正名」、「正學」而殉道的偉大精神，在當時影響所及，正如陳子龍先生所說：

先生首倡大義於天下，一時貴戚大臣以至樵夫漁子不屈其志，或轘屠市朝之間，或枯槁巖石之

下者，不可勝數，孰非高皇帝端其本，先生正其教哉！三代之英，周孔之道，如是而已。（註二四）

孝孺「倡大義，正其教；周孔之道，如是而已」（註二五）。在當時孝孺門下士，以身殉難的人有盧原質、鄭公智、林嘉猷、胡子昭、鄭居貞、劉政、方法、樓璉等人（明史有傳，註二六）。今試舉出樓璉就義事蹟，說明孝孺「正其教」的影響所在，明史載：

成祖既殺孝孺，命樓璉草詔，樓璉承命不敢辭，歸語妻子曰：「我固甘死，正恐累汝輩耳。」其夕，遂自經。（註二七）

還有因不屈其志，以致成仁取義的人，有練子寧、茅大芳、卓敬、陳迪、景清、連楹、胡閏、王度、洪亮等人（註二八）。而成祖嗜殺的殘暴行爲，史所未有；景清懷利刃欲刺殺成祖未成，成祖怒磔死景清不算，又抄其族，籍其鄉里；這種輾轉相攀染的連罪法，將他所居住的村里都夷爲廢墟的恐怖手段，當時的人稱爲「瓜蔓抄」（註二九）。像這樣的暴行並未收到嚇阻的效果，忠憤義士，繼孝孺之後，屢仆屢起，不爲成祖所用，視刀鋸鼎鑊爲美食，甘之如飴。這些都是受到固有文化與傳統精神的感召，也是由於孝孺人格風範和首倡大義的精神散播。谷應泰曰：

一士秉貞，則袒免竝及，一人厲操，則里落爲墟。……赴義之最烈者，鐵鉉之屍還反背，景清之死猶犯駕；就義之最潔者，教授之明倫慟哭，樵夫之自投東湖，若此之儔……此忠臣義士尤所爲植髮衝冠，椎胸而雪涕者也。（註三〇）

又孟子曰：「生，亦我所欲也；義，亦我所欲也；二者不可得兼，舍生而取義者也。」（註三一）又曰：「事，孰為大？事親為大。守，孰為大？守身為大。」（註三二）孝孺曰：「人孰為重，身為重；身孰為大，學為大。學，則可以守身，可以治民，可以立教。」（註三三）回顧孝孺篤學守道，慨然以聖賢自期，事親至孝，甚至願輸已壽以延師命的事蹟，誠是一個「莊士」、「正學」、「天下讀書種子」、「千載一人」、「有明諸儒之首」的醇儒。而明成祖猶以周公自比，卻無法貳其志節。於是，孝孺在「取捨」之間可見，「守身、取義」的權衡可察，這無非是二千年來傳統文化的迴響？儒家精神的映照？文天祥的正氣歌所說：「時窮節乃現」、「道義為之根」（註三四）的千古名言和孝孺吟唱絕命詞：「天降亂離兮，孰知其繇；奸臣得計兮，謀國用猷。忠臣發憤兮，血淚交流；以此徇君兮，抑又何求？嗚呼哀哉兮，庶不我尤。」（註三五）之慷慨高歌；都是正氣迴盪，震憾人心的精神體現。而明成祖趕盡殺絕，誅殺孝孺十族，八百七十三人，並嚴禁私藏孝孺文墨，查獲者罪無赦的道理何在呢？倪元璐先生曾解釋說：「文皇帝以一怒族先生亦不悔，蓋以甚重其文章之故。」（註三六）事實上，文章是思想的延續，它的影響深具潛移默化的作用，在當時已深深植入人們心中，成祖想要根本剷除方孝孺「讀書種子」的學說思想，杜絕他殉道精神的傳續，以鞏固自已篡立的地位所做出最大的努力。然而事實告訴我們，明成祖摧殘方孝孺思想的努力畢竟是失敗了，傳統精神依然是昭垂萬世，永垂不朽的。所以明史贊曰：

齊、黃、方、練之儔，抱謀國之忠，而乏制勝之策，然其忠憤激發，視刀鋸鼎鑊，甘之若飴。

百世而下，凛凛猶有生氣，是豈泄然不恤國事，而以一死自謝者，所可同日道哉？（註三七）

胡適之先生也說：「方孝孺死後百年，又有王陽明等學派的誕生，傳統文化和學術思想的自由，是無法被摧殘阻止的。」（註三八）百世之下，由陽明等學派，繼黃宗羲、顧炎武、王夫之等學者的再出發，文化的傳承再延續，因而有反清復明，可歌可泣的革命運動一再出現，前仆後繼，義無反顧。

方孝孺的偉大思想與政治理念，直接或間接地影響明、清的學術思想，例如從薩孟武先生的中國政治思想史中可知孝孺對黃宗羲的影響，他說：

吾人讀方孝孺之言，就可知道黃黎洲之「原君」一文，實本於方孝孺。（註三九）

又說：

黃宗羲所著明夷待訪錄，多依方孝孺學說而闡明之。（註四〇）

至於孝孺那種寧死不屈的志節，可說是宋明理學心、性、氣、神的體現，尤其是他既強調又重視「行」的觀念，最後竟以身作則，爲眞理而犧牲，無異是給王陽明先生「知行合一」很大的啓示。誠如邱德修先生所說：

這股偉大的精神力量，直接灌注到明末清初。……尤其像史可法死守揚州，壯烈犧牲；鄭成功反清復明的大志，驚天動地。這些血淚交織而成的歷史，無非都是孝孺精神的重現。（註四一）

孝孺的人格和風範影響後世既深且遠，實非筆墨所能形容的。而我國固有文化的薪傳，自孔、孟而後，英雄烈士們，拋頭顱，灑熱血，個個奮勇直前，就如同孝孺壯烈犧牲，血蹟斑斑的史實，都是這一股偉大精神的傳承。劉蕺山（宗周）先生說：

方先生死事，距今二百五十年，而凜凜生氣，薄日月，震乾坤，愈傳愈遠；遂當前無千古，後無萬古。則論世之外，尤待有先生之遺言在也。（註四二）

細讀方正學先生遜志齋集，知道他可歌可泣的英烈事蹟和愛國情操，莫不讓人血淚共泣，百感交集。試問？誰不曾爲人子弟？誰不是國家子民？感懷孝孺的節義，想藉先生偉大人格，喚起堯、舜、禹、湯、文、武、周公、孔子以來，一貫相承的固有文化與傳統精神。它可以鼓舞同袍，人人努力復興儒學道統，來維繫固有文化的傳統精神，藉此恢復民族正氣，砥礪士子的氣節，人人有爲有守，使國族、國魂得以延續不墜而能日益精實、壯大。這才是今天讀書人應有的作爲，以及勠力以赴的標竿。

【附註】

註一　明史卷一四一列傳二九方孝孺（四〇一七），頁次以楊家駱主編，鼎文書局印行的新校本明史爲準。

註二　同註一。

註三　黃宗羲明儒學案卷四三諸儒學案上一。

註四　遜志齋集序，商務印書館，五七年十二月。

註五　陳子龍方正學先生遜志齋集序，中華書局，五四年。

註六　孟子滕文公下、公孫丑上。

註　七　遜志齋集附錄。

註　八　見本書第三章第二節二。

註　九　遜志齋集卷一〇答王仲縉（三一〇）。

註一〇　遜志齋集附錄。

註一一　遜志齋集卷二答王秀才（三三五）。

註一二　遜志齋集卷六策問（二〇八）。

註一三　見本書第三章第二節三㈠㈡。

註一四　遜志齋集卷一二，見本書第三章第二節三㈡2.①。

註一五　見本書第三章第二節三。

註一六　見本書第三章第二節第三節。

註一七　遜志齋集卷三正俗（二二）。

註一八　遜志齋集卷三民政（一〇六）。

註一九　見本書第四章第三節二㈠㈡。

註二〇　遜志齋集卷六公子對（一九五）。

註二一　見本書第四章第三節三四。

註二二　孟子萬章下。

註二三　孟子滕文公下。

註二四　方正學先生遜志齋集序，同註五。

註二五　同註二四。

註二六　同註一（四〇二〇～四〇二一）。

註二七　同註一（四〇二一）。

註二八　同註一（四〇二二～四〇二九）。

註二九　同註一（四〇二六）。

註三〇　明史紀事本末卷一八。

註三一　孟子告子上。

註三二　孟子離婁。

註三三　遜志齋集卷一雜誡（五六）。

註三四　文天祥正氣歌。

註三五　同註一（四〇一九）。

註三六　方正學先生文集序，遜志齋集原序，中華書局，五四年。

註三七　同註一（四〇二九）。

註三八　中國時報，五〇年一月十二日第二版。

註三九　第六篇明清的政治思想（四〇〇）。

註四〇　同註三九（四八九）。

註四一　中國歷代思想家㈥方孝孺，商務印書館，(三六六九)。

註四二　方正學先生遜志齋集原序，清同治浙江刊本。

附錄　明初大儒方孝孺年譜稿

本篇是以明盧演、翁明英所編輯的方正學先生年譜爲藍本，再將各項事蹟發生的年代，詳細加以考證，並且把有關資料從遜志齋集二十四卷以及附錄、外紀、拾補中，一一蒐輯出來，註明在事蹟條列項下，有疑誤的部分並加以註解，文末附上引用書目以供檢索，或可供研究方孝孺者之參考。

朝代	年號	干支	西元年	齡	事蹟	資料出處
元	至正十七年	丁酉	一三五七	一歲	1.先生生，始生之夕，有木星墮於其家。①②③ 2.父方克勤字去矜，號愚庵；母林夫人。②④⑤	①盧演、翁明英方正學先生年譜 ②郡齋舊刻方先生小傳 ③臨海、趙洪新刊正學方先生集 ④臨海、陳紀

正學先生事狀
⑤遜志齋集卷二二
先府君行狀
（五八八）

年號	干支	西元	歲	事蹟	出處
元至正十八年	戊戌	一三五八	二歲	雙眸炯炯如電。①②③④	①盧演、翁明英 方正學先生年譜 ②郡齋舊刻 方先生小傳 ③明史卷一四一 列傳二九方孝孺 （四〇一七） ④臨海、趙洪 新刊正學先生 文集
元至正十九年	己亥	一三五九	三歲	能識數目方隅，達者知其非凡。①	①盧演、翁明英 方正學先生年譜

元至正二十年	庚子	一三六〇	四歲	精敏絕倫，步趨不苟，愚庵公奇之。①	①盧演、翁明英方正學先生年譜
元至正二十一年	辛丑	一三六一	五歲	知讀書，辨章句。①（註一） 註一：珠案：此說疑誤。宋濂故愚庵先生方公墓版文載：「先生幼而端疑，五歲知讀書，自辨章句，十歲暗記五經。」又遜志齋集卷二一先府君行狀（五八八）：「先君生而端重殊常，五歲能讀書，自辨章句，年十餘暗記五經，爲文有奇語。」此應指方克勤而言，而非就孝孺。	①盧演、翁明英方正學先生年譜
元至正二十二年	壬寅	一三六二	六歲	喜學能詩，作題山水隱者曰：棟宇參差逼翠微，路通猶恐世人知，等閒識得東風面，臥看白雲初起時①②	①盧演、翁明英方正學先生年譜

						②遜志齋集卷二四絕句（七二三）。
元	至正二十三年	癸卯	一三六三	七歲	母林夫人病故，先生哀慕如成人。①②③	①盧演、翁明英方正學先生年譜 ②臨海、陳紀正學先生事狀 ③遜志齋集卷一五茹荼齋記（四五六）卷二一先府君行狀（五九四）。
元	至正二十四年	甲辰	一三六四	八歲	讀書見冊中載聖賢名字或聖賢良相將形貌，即有願學之心。①②	①盧演、翁明英方正學先生年譜 ②遜志齋集卷一一答俞敬德二首

年號	干支	公元	年齡	事蹟	出處
					（三三九）。
元至正二十五年	乙巳	一三六五	九歲	能暗記五經。①（註二） 註二：珠案：參見註一。	①盧演、翁明英方正學先生年譜
元至正二十六年	丙午	一三六六	十歲	1.日讀書盈寸。①②③ 2.漸省事，見當世奔走仕宦者不足道，以爲聖賢之學可以自立，外至者不足爲吾輕重也，遂有慕乎道德之心。④	①盧演、翁明英方正學先生年譜 ②郡齋舊刻方先生小傳 ③明史卷一四一列傳二九方孝孺（四〇一七） ④遜志齋集卷一一答俞敬德二首（三三九）

年代	干支	西元	年歲	事蹟	出處
元 至正二十七年	丁未	一三六七	十一歲	日坐一室，不出門庭，理趣會心，雖鐘鼓鳴，風雨作，不覺也。①②	①盧演、翁明英方正學先生年譜 ②遜志齋集卷一一答俞敬德二首〔三四二〕
明 洪武元年	戊申	一三六八	十二歲	1.繼母王夫人卒，悲傷不輟。①② 2.正月，朱元璋稱帝，國號明，建元洪武。③④	①盧演、翁明英方正學先生年譜 ②遜志齋集卷一五茹荼齋記〔四五六〕 ③孟森明代史 ④中國歷史大事年表（華世出版社）

年號	干支	公元	年歲	事蹟	出處
明洪武二年	己酉	一三六九	十三歲	1. 善屬詩，古文詞雄邁醇深，千言立就，鄉人呼爲小韓子。①② 2. 十月，帝命州郡縣立學校。③	①盧演、翁明英方正學先生年譜 ②郡齋舊刻方先生小傳 ③宋濂故愚庵先生方公墓版文
明洪武三年	庚戌	一三七〇	十四歲	1. 郡辟愚庵公爲甯庠師。①② 2. 時先生作幼儀、雜銘以自箴。①②	①盧演、翁明英方正學先生年譜 ②遜齋集卷二一先府君行狀〔五八八〕 ③遜齋集卷一〔四八～五六〕。

年代	干支	西元	年齡	事蹟	資料出處
明洪武四年	辛亥	一三七一	十五歲	1.父愚庵公授濟寧知府。①②③④ 2.侍父宦遊，歷覽齊魯故墟，謁周孔廟宅，問陋巷舞雩所在，慨然曰：「顏閔縱未可幾及，冉樊輩豈皆讓之，但今無聖人出，不得所依歸耳。」①②③⑤⑥	①盧演、翁明英 方正學先生年譜 ②郡齋舊刻 方先生小傳 ③臨海、陳紀 正學先生事狀 ④明史循吏列傳 方克勤 （七一八七） ⑤遜志齋集卷一一 答俞敬德二首 （三三九） ⑥鄭曉文學博士 方先生傳

年代	干支	西元	年歲	事蹟	出處
明洪武五年	壬子	一三七二	十六歲	在濟寧謁曹國公李文忠公，敬禮之，期爲國士。①②③	①盧演、翁明英方正學先生年譜 ②遜志齋集卷一七春風和氣堂記〔五〇五〕 ③臨海、陳紀正學先生事狀
明洪武六年	癸丑	一三七三	十七歲	1.在濟寧玩索濂洛關閩之說，舉疑者以質於愚庵公及兄孝聞。①② 2.先生之學，故多得之庭訓，後先生嘗曰：「某所以粗知此道者，非獨父師之教，亦繇吾兄之訓飭也。」①②	①盧演、翁明英方正學先生年譜 ②方希學傳見修史私錄或赤誠新志・石龍集。

朝代	年號	干支	西元	年齡	事蹟	資料來源
明	洪武七年	甲寅	一三七四	十八歲	在濟寧作釋統三章，深慮論十首。	①盧演、翁明英方正學先生年譜 ②遜志齋集卷三〔八六～九〇〕
明	洪武八年	乙卯	一三七五	十九歲	1.元月，侍愚庵公考績入朝獎諭。 ①②④ 2.五月，曹縣令程貢嘗以不職被咎，至是誣上封事，詔下獄，先生上書政府，願以身爲軍，贖父罪，不報，竟謫役江浦。 ①②③④⑤	①盧演、翁明英方正學先生年譜 ②明史二八一循吏列傳一六九方克勤〔四〇一七〕 ③郡齋舊刻方先生小傳 ④遜志齋集卷二一先府君行狀〔五九〇〕

⑤臨海、陳紀正學先生事狀

明	洪武九年	丙辰	一三七六	二十歲

1. 愚庵公戍江浦，留孝聞侍，命先生往京師以文爲贄，謁宋太史公，宋太史深器之曰：「其爲人也，凝重而不遷於物，穎鋭有以燭，諸理間發爲文，水湧泉流，喧啾百鳥中，見此孤鳳。」乃館置左右，譚經歷三時。①③④⑤
2. 愚庵公役將終，會空印事起，吏又誣及先生，草疏將詣闕，適愚庵公卒，悲慟至絶，遂同兄孝聞扶櫬還家。①②③⑥⑦
3. 作茹荼齋記。①⑧
4. 太史公賦詩十四章，以送之。①⑤

①盧演、翁明英方正學先生年譜
②郡齋舊刻方先生小傳
③臨海、陳紀正學先生事狀
④宋濂送門生方孝孺還鄉詩
⑤宋濂送方生還天台詩
⑥遜志齋集卷二一先府君行狀〔五八八〕
⑦明史一四一列傳二九方孝孺

（四〇一七）

⑧遜志齋集卷一五茹茶齋記（四五七）

明	洪武十年	丁巳	一三七七	二十一歲	事蹟	資料來源
					1.在緱城，春仲奉愚庵公柩與林夫人合葬於深灣童施山之原。①②⑦ 2.六月，宋太史謝事還浦陽，先生即往承學，同門多天下名士，一旦盡出其下，先輩如胡翰、蘇伯衡，皆自謂弗如。①③④⑨ 3.先生顧未視文藝，以明王道、闢異端爲己任。於理學淵源之統，人文絕續之寄，盛衰幾微之故，名物度數之繁，靡不會通底極見於論著。①⑤⑥⑨	①盧演、翁明英方正學先生年譜 ②遜志齋集卷二二先府君行狀（五八八） ③遜志齋集卷二〇祭太史公五首（五六七） ④明史列傳二九方孝孺（四〇一七） ⑤宋濂門生方孝

4.宋太史公時欲甥之，及歸告祖母不允。先生留浦陽越四寒暑，嘗以周孔自處，海內之人亦咸謂程、朱復出矣。至有欲瞷先生形貌，果如古人否？先生笑曰：「形貌與今人不異，但心似古人耳。」①③⑧⑩

5.從太史公謁白鹿子（楊公本）于家，白鹿子喜甚，以古之君子見望。⑪

孺還鄉詩

⑥陳紀正學先生事狀

⑦宋濂故愚庵先生方公墓版文

⑧遜志齋集卷一一答俞敬德二首（三三九）

⑨鄭曉文學博士方先生傳

⑩遜志齋集卷一〇與鄭叔度八首之七（三〇八）

⑪遜志齋集卷一二白鹿子文集序（三七七）

朝代	年號	干支	西元	年歲	事蹟	資料來源
明	洪武十一年	戊午	一三七八	二十二歲	在浦陽宋太史門。①②③	①盧演、翁明英方正學先生年譜 ②郡齋舊刻方先生小傳 ③陳紀正學先生事狀
明	洪武十二年	己未	一三七九	二十三歲	在浦陽宋太史門。①②③	同右①②③
明	洪武十三年	庚申	一三八〇	二十四歲	1.在浦陽宋太史門。①②③ 2.秋季歸省祖母，太史惜別，賦詩五十四韻，揚其素有之善，復勗以遠大之業。且曰：「余所許者，不獨在文，二十年後，當爲知言。」迨仗節之期，適二十餘年矣。①③④	①盧演、翁明英方正學先生年譜 ②郡齋舊刻方先生小傳 ③陳紀正學先生事狀

明	洪武十四年	辛酉	一三八一	二十五歲	事蹟	資料
						④宋濂送門生方孝孺還鄉詩
明	洪武十四年	辛酉	一三八一	二十五歲	1. 在緱城，愚庵公文集刻成，先生跋記。①⑥⑧⑨ 2. 宋太史以孫愼事坐累，安置茂州，行至夔卒。先生欲往省，後以故止，乃爲文籲天，願輸己壽以延師命。①②③④ 3. 周禮辯正成。①⑤⑩ 4. 作題大學篆書正文後。⑦	①盧演、翁明英方正學先生年譜 ②郡齋舊刻方先生小傳 ③遜志齋集卷八籲天文〔二四〇〕。 ④陳紀正學先生事狀 ⑤遜志齋集卷四周禮辨疑〔一二〇〕 ⑥遜志齋集卷四先太守文集後序〔三六八〕

						⑦遜志齋集卷一八 題大篆書正文後（五二三） ⑧遜志齋集卷二一 先府君行狀（五九四） ⑨宋濂故愚庵先生方公墓版文 ⑩劉宗周方正學先生遜志齋集原序
明	洪武十五年	壬戌	一三八二	二十六歲	1.在緱城娶鄭夫人。①⑥ 2.秋季入郡，會葉夷仲、張廷璧、林公輔、王元采四君子，登巾山絕頂，縱譚千古，竟夕忘倦，先生自謂：「此樂乃蘇子瞻死後三百年所無。」①②③	①盧演、翁明英方正學先生年譜 ②遜志齋集卷一五 巾山草堂記（四五四）

	明
	洪武 十六年
	癸亥
	一三八三
	二十七歲
3.冬十二月，吳沈、揭樞薦先生學行可大用，且言其父冤狀，命聘至。①④⑤	1.應召如京師，見高皇帝於奉天門。上曰：「爾父無罪，爲奸臣所陷耳。」陳說頗多，試靈芝甘露論，益稱旨。①② 2.上每面試舉子，必親定高下。註選至，先生獨不註，曰：「此異人也，吾不能用，留爲子孫光輔太平。」顧謂沈、樞曰：「孝孺孰與汝？」對曰：「
③陳紀正學先生事狀 ④郡齋舊刻方先生小傳 ⑤鄭曉文學博士方先生傳 ⑥遜志齋集卷二〇祭太史公五首〔五六七〕	①盧演、翁明英方正學先生年譜 ②遜志齋集卷七靈芝甘露論〔二一四〕 ③郡齋舊刻方先生小傳 ④明史一四一列

十倍於臣。」上歎曰：「誠異才也。」令往見東宮，錫之宴几稍欹，先生必正乃坐。上使人覘之，喜其舉動端整，謂皇太孫（註三）曰：「此莊士，當老其才以輔汝。」諭遣還鄉。①③④⑥

註三：珠案：疑時炆文年僅七歲，此應指太子標。太子標卒於洪武二十五年。

3.作奉試靈芝甘露論詩：漢家圖治策賢良，董子昌言日月光，自笑腐儒千載後，卻勞聖主試文章。①⑤

傳二九方孝孺傳（四〇一七）

⑤遜志齋集卷二四絕句（七一四）

⑥鄭曉文學博士方先生傳

明

洪武十七年

甲子

一三八四

二十八歲

1.在緱城，子愈生，後蜀王字之曰師韓。①

2.作題蕭翼賺蘭亭圖。②

①盧演、翁明英方正學先生年譜

②遜志齋集卷一八

年號	干支	公元	年齡	事蹟	附註
明　洪武十八年	乙丑	一三八五	二十九歲	在緱城，讀書石鏡精舍，作四憂等箴及君學雜著。①②	①盧演、翁明英方正學先生年譜（五二五） ②遜志齋集卷一四憂箴（六三）卷三君學（一〇〇）卷一～八雜著。
明　洪武十九年	丙寅	一三八六	三十歲	1.在緱城時，先生臥病，家人告絕糧，輒笑曰：「古人有三旬九食，瓶無儲粟者，貧豈獨我耶？」①②③④ 2.撰壽善堂記。⑤	①盧演、翁明英方正學先生年譜 ②明史一四一列傳二九方孝孺（四〇一七） ③鄭曉文學博士方先生傳

年號	干支	西元	年齡	事蹟	附註
					④遜志齋集卷一〇與鄭叔八首之七〔三〇七〕 ⑤遜志齋集卷一六〔四七七〕
明洪武二十年	丁卯	一三八七	三十一歲	鏴家與叔氏構難，詞連先生，有司錄其家，械送京師。上識先生名，特命開釋，令奉祖母及妻子還里。①②③	①盧演、翁明英方正學先生年譜 ②明史一四一列傳二九方孝孺〔四〇一七〕 ③鄭曉文學博士方先生傳
明洪武二十一年	戊辰	一三八八	三十二歲	1.在緱城，修家譜。① 2.祖母葉夫人卒，膺鬲摧裂，不復欲生。① 3.是科，姑子盧公原質登進士，	①盧演、翁明英方正學先生年譜 ②遜志齋集卷二四

朝代	年號	干支	西元	年歲	事蹟	資料來源
					策殿廷，天子奇其文，擢第三。先生詩賀之曰：奉天殿上榜初開，共賀江南得秀才，好是青蘿居士說，近來文運屬天台。①② 4.女貞生。①	絕句〔七二一〕
明	洪武二十二年	己巳	一三八九	三十三歲	在緱城，周易考次成。①②	①盧演、翁明英方正學先生年譜 ②劉宗周方正學先生遜志齋集原序
明	洪武二十三年	庚午	一三九〇	三十四歲	在緱城，武王戒書注、宋史要言成。	①盧演、翁明英方正學先生年譜 ②郡齋舊刻方先生小傳

③遜志齋集卷二武王戒書序〔三五七〕卷九上蜀府啓〔二五五〕

④劉宗周方正學先生遜志齋集原序

明				
洪武二十四年	辛未	一三九一	三十五歲	在緱城，完成大易枝辭、文統。

①盧演、翁明英方正學先生年譜

②郡齋舊刻方先方先生小傳

③遜志齋集卷九與蘇先生二首〔二六七〕

④劉宗周方正學先生遜志齋集原序

明					
洪武二十五年	壬申	一三九二	三十六歲	1. 四月，太子標卒，炆文立爲皇太孫。⑦ 2. 在緱城，廷臣復交薦先生，辟至京，上方重賞罰，以其志存教化，顧左右曰：「今非用孝孺時。」除漢中府學教授，命水陸供舟車給行費。①②③④⑤⑥ 3. 次女淑生。①	①盧演、翁明英方正學先生年譜 ②明史一四一列傳二九方孝孺傳〔四〇一七〕 ③郡齋舊刻方先生小傳 ④陳紀方正學先生事狀 ⑤遜志齋集卷一五慈竹軒記〔四五〇〕 ⑥鄭曉文學博士方先生傳 ⑦孟森明代史

明					
洪武二十六年	癸酉	一三九三	三十七歲	1. 閏四月抵漢中，道夔祭宋太史墓下，慟哭移時，恤其家而去，既官漢中，每舟次必往祭焉。①②③④⑦ 2. 漢中水土暴惡，病瘦瘻者十人而五。先生安之甘蔬糲，與諸生談道不倦，繇是山南人皆知向學。①⑥ 3. 四川聘主秋闈，京府移文詔徵分考，辭蜀赴京取士八十八人，得門下士俞允、任勉等。①④⑤⑥	①盧演、翁明英方正學先生年譜 ②郡齋舊刻方先生小傳 ③遜志齋集卷二〇祭太史五首〔五六七〕 ④陳紀正學先生事狀 ⑤遜志齋集卷一二應天府鄉試小錄序〔三七八〕 ⑥遜志齋集卷一一與盧編修希魯〔三四九〕 ⑦廖道南殿閣詞

朝代	年號	干支	西元	年歲	事蹟	附記
明	洪武二十七年	甲戌	一三九四	三十八歲	1.蜀獻王聞先生賢，聘爲世子師，尊以殊禮，先生每見蜀王，必以仁義道德之言，陳於前，王喜甚，恒曰：「方先生古之賢者也。」①②③④⑤ 2.幼子憲生於官舍，後被匿，更名德宗。①	林記略 ①盧演、翁明英方孝孺先生年譜 ②明史一四一列傳二九方孝孺〔四〇一七〕 ③王仲縉正學齋記 ④郡齋舊刻方先生小傳 ⑤鄭曉文學博士方先生傳
明	洪武二十八年	乙亥	一三九五	三十九歲	1.自漢中又抵蜀，蜀王顏其讀書之廬曰正學。蜀王從先生請，恤宋太史遺孤有加。①②③④⑤	①盧演、翁明英方正學先生年譜 ②明史一四一列

朝代	年號	干支	西元	年齡	事蹟	資料來源
					2.帝王基命錄成。①⑤⑥	傳二九方孝孺〔四〇一七〕 ③陳紀正學先生事狀 ④趙淵成都府正學方先生祠堂記 ⑤郡齋舊刻方先生小傳 ⑥遜志齋集卷一二基命錄序〔三五八〕
明	洪武二十九年	丙子	一三九六	四十歲	1.在漢中聞兄孝聞卒于家，悲悼絕甚。① 2.秋試召典京闈，取士三百人。①②	①盧演、翁明英方正學先生年譜 ②遜志齋集卷一二京闈小錄後序〔三七九〕

朝代	年號	干支	西元	年歲	事蹟	資料來源
明	洪武三十年	丁丑	一三九七	四十一歲	1.往蜀，作蜀道易。①② 2.序蜀鑑及蜀漢本末、仕學規範，皆承王命也。①③	①盧演、翁明英方正學先生年譜 ②遜志齋集卷二四古詩（六九七） ③遜志齋集卷一三蜀鑑序（三五九） 蜀漢本末序（三六〇） 仕學規範序（三六二）
明	洪武三十一年	戊寅	一三九八	四十二歲	1.序蒲鞭詩、自警編。①② 2.五月，高廟賓天，皇太孫即位，以太祖遺命，必先召方孝孺，乃馳驛召爲翰林侍講，直文淵閣，日侍左右備顧問。先生德	①盧演、翁明英方正學先生年譜 ②遜志齋集卷一三蒲鞭詩序

望素隆，一時倚重，凡將相大政議輒咨焉。①③④⑤⑥⑦

3. 詔著東甌王碑銘。①⑧

4. 遣夫人鄭及子女還家。①

〔三六五〕自警編序〔三六一〕

③明史一四一列傳二九方孝孺〔四〇一七〕

④郡齋舊刻方先生小傳

⑤陳紀正學先生事狀

⑥遜志齋集卷二四絕句二月十四日書事詩〔七一四〕

⑦鄭曉文學博士方先生傳

⑧遜志齋集卷二三〔六二四〕

明建文元年　己卯　一三九九　四十三歲

1. 帝郊祀畢，御奉天殿受群臣朝賀，先生進郊祀頌。①②
2. 上好讀書，每有疑即召使講解，臨朝奏事臣僚面議可否，必命先生就扆前批答。①③⑧
3. 先生嘗作書事詩（註四）曰：斧扆臨軒几硯寒，春風和氣滿龍顏，細聽天語揮毫久，携得香煙兩袖還。又曰：風軟彤庭尚薄寒，御爐香遶玉欄干，黃門忽報文淵閣，天子看書召講官。①⑨

註四：珠案：疑應爲二月十四日書事詩二首，書事詩另有其詩，內容殊異。④⑨

4. 夏五月，獻省躬殿銘。①⑤⑥
5. 秋，命考文京府，得吳中諸生

①盧演、翁明英方正學先生年譜
②遜志齋集卷七郊祀頌〔二一五〕
③明史一四一列傳二九方孝孺〔四〇一七〕
④遜志齋集卷二四絕句〔七一四〕
⑤陳紀正學先生事狀
⑥遜志齋集卷七省躬殿銘

劉政等，取士二百四十人（註五），置政第一。靖難後，聞先生就戮，遂悲忿不食死。①⑦⑫

註五：遜志齋集卷一二京闈小錄後序載：「登名于籍者二百十四人。」而非二百四十人。⑦

（二一九）

⑦遜志齋集卷一三京闈小錄後序（三八〇）

⑧鄭曉文學博士方先生傳

⑨遜志齋集卷二四書事詩（七一四）

6.北平兵起。③⑩⑪

⑩孟森明代史

⑪夏燮新校明通鑑

⑫明史一四一列傳二九劉政（四〇二一）

年代	事蹟	出處
明 建文二年 庚辰 一四〇〇 四十四歲	1上召名儒修太祖實錄及類要諸書，以先生爲總裁。①②⑤ 2.會改謹身殿名正心殿，先生獻銘，作御史府記，皆規正君德。①③④ 3.比定官制，即改先生爲文學博士。①②⑤ 4.時命典會試，偕董倫、高遜志等，試天下貢士，得王艮、黃鉞、陳繼之、楊子榮、胡廣、金幼孜、吳溥、胡濙、顧佐，皆知名士，一時稱得人焉。其後，王艮、陳繼之、黃鉞死難，餘皆歸附云。①	①盧演，翁明英方正學先生年譜 ②明史一四一列傳二九方孝孺傳 ③陳紀正學先生事狀 ④遜志齋集卷一七御史府記〔五〇四〕 ⑤孟森明代史
明 建文三年 辛巳 一四〇一 四十五歲	1先生獻凝命神寶論頌。①②③ 2.燕王書至，上召示書。對曰：「今諸軍大集，燕兵久羈大名，	①盧演，翁明英方正學先生年譜

暑雨爲沴，不戰自罷，急令遼東諸將，入山海關攻永平、眞定，諸將渡蘆溝橋擣北平。彼歸援窠巢，我以大軍躡其後，必成擒矣。彼奏適至，宜與報書往返踰月，彼心解而衆離，我謀定而勢合，可反掌而定也。」上善之，立命先生草詔，言罷兵，遣薛嵓往還，言燕軍強盛，先生惡之曰：「此爲燕遊說也。」燕復上書，上召先生諭意，對曰：「陛下即欲罷兵，兵一散即難復合。彼或長驅犯闕，何以禦之，願無惑甘言。」燕師駐定州，先生言於帝曰：「兵家貴間，燕父子兄弟，可間而離也。」帝問云何？先生言其

②遜志齋集卷七（二一七）。

③陳紀正學先生事狀。

④明史一四一列傳二九方孝孺（四〇一七）

⑤鄭曉文學博士方先生傳。

⑥遜志齋集卷二四古詩。

明　建文四年　壬午　一四〇二　四十六歲

故，且曰：「世子見疑，必北歸而餉道通矣。」帝曰：「善。」命先生草書貽世子許王燕地。先是，先生門人林嘉猷被燕召至北平，知高煦及三郡王不睦於世子，屢譖於父，乃遣張安持書至世子。不啓封，幷安致燕王所，三郡王先已馳告，燕王曰：「幾殺吾子，吾父子至親，猶見間離，況君臣之際乎？」①④⑤

3.時先生有聞鵑詩。①⑥

1燕師渡淮，乘勝而下，先生進曰：「事急矣！宜以計緩之，遣人許以割地，稽延數日，俟東南丁壯召集，我據天塹之險，

①盧演，翁明英方正學先生年譜。
②明史一四一列

北軍不長於舟楫，相與決戰江上，勝敗未可知也。上從之，及渡江，先生請堅守京城，以待四方之援，憂憤盈臆，追憶劉中丞基，潸然淚下。①②④⑥⑦。

2.夏六月乙丑，燕師逼金川門，谷王穗與李景隆開門納師。須臾，大內火，帝遜去。①②⑥⑦。

3.先生杖衰哭於闕下，文皇清宮三日後，被鎮撫伍雲執以獻。文皇以姚廣孝言，至京幸全方孝孺，孝孺素有學行，必不降，殺之，天下讀書種子絕矣！①②④⑥⑦。

4.文皇欲詔天下，問廣孝代草者，

傳二九方孝孺〔四〇一七〕

③石龍集方孝友詩記。

④鄭曉文學博士方先生傳。

⑤臨海、章嶽方氏二烈女傳

⑥夏燮新校明通鑑。

⑦谷應泰明史紀事本末

曰：「他人不足服天下，必須方孝孺。」文皇以廖侯二子鏞、銘嘗受先生學，令諭意。先生怒曰：「汝讀幾年書，還不識個是字？我頭可斷，筆不可執也。」二子復命，遂使人擁之入。先生衰絰執杖仆地大慟，聲徹殿陛。文皇降榻勞曰：「先生何自苦？余欲法周公輔成王耳。」曰：「成王何在？」文皇曰：「渠自焚死。」曰：「何不立成王之子？」文皇曰：「國賴長君。」曰：「何不立成王之弟？」文皇曰：「先生無過勞苦，此朕家事耳。」置之目左右授筆札曰：「詔天下草，非先生不可。」先生援筆大批「建文五年永樂纂位」投筆於地，又大哭，且罵且哭曰：「死即死，詔不可草。」文皇曰：「汝不顧九族乎？」先生奮然曰：「便十族奈何？」哭罵益厲。文皇怒，令以刀刔其舌至兩耳旁，先生猶含血犯御座，辭甚不遜。文皇大聲謂曰：「汝焉能遽死，當滅汝十族。」令復繫獄以俟，詔收其夫人鄭，鄭先自經，二女被逮，過淮相與投橋水死。其弟孝友面縛就誅，先生目之，不覺淚下，孝友乃口吟一絕云：「阿兄何必淚潸潸，取義成仁在此間，華表柱頭千載後，旅魂依舊到家山。」又據其宗支及九族盡抄沒之，每抄提一人，輒示先生，先生不爲動，罵不絕聲，文皇怒甚，命磔於聚寶門外。先生有絕命詞曰：「天降亂離兮孰知其繇，奸臣得計兮謀國用猷，忠臣發憤兮血淚交流，以此徇君兮抑又何求？嗚呼哀哉兮庶不我尤。」五服之親，先後捕誅，行刑於門外，凡七日，詔夷其先人墓。文皇怒猶未息，必欲誅十族，如先生之言，乃旁及游黨盧迥、鄭居貞、盧原質等，門人鄭公智、林嘉猷、廖鏞、廖銘輩誅之，爲十族，計被害者八百七十三人。抄沒後九族外親發興州等衞充軍，尋調三萬衞，又調甘肅衛，死者復數百人，吁！
何禍之烈也。①②③④⑤⑥
⑦

方孝孺年譜資料出處引用書目：

一、遜志齋集：所參考單篇文章的內容、篇名、卷數、頁數等，都是依據商務印書館景印清文淵閣四庫全書刊本，無附錄。

二、方正學先生年譜：

㈠明盧演、翁明英同輯。

㈡遜志齋集二十四卷：

1. 清同治十二年浙江刊本。
2. 清趙聲浦刊本。
3. 清康熙三十七年補刊本。

目前，在台灣公藏善本或線裝書中，也僅有這三部書錄有方正學先生年譜，可供參考。

三、方先生小傳：

㈠郡齋舊刻

㈡遜志齋集附錄：上海涵芬樓景印明嘉靖王可大台州刊本。

㈢方正學先生遜志齋集二十四卷外紀：清趙聲浦刊本。

四、正學先生事狀：臨海陳紀撰。收在遜志齋集附錄，參考資料同三㈡㈢。

五、正學齋記：金華王仲縉撰。收在遜志齋集附錄，參考資料同三㈡㈢。

六、成都府正學方先生祠堂記：臨海趙淵撰。收在遜志齋集附錄，參考明嘉靖王可大台州刊本。

七、新刊正學方先生文集序：臨海趙洪撰。收在遜志齋集附錄，參考明嘉靖王可大台州刊本。

八、文學博士方先生傳：鄭曉撰。收在方正學先生遜志齋集二十四卷外紀，參考清趙聲浦刊本。

九、殿閣詞林紀略：廖道南撰。收在方正學先生遜志齋集二十四卷外紀，參考清趙聲浦刊本。

一〇、方孝友詩紀・石龍集：收在方正學先生遜志齋集二十四卷外紀，參考清趙聲浦刊本。

一一、方氏二烈女傳：臨海章嶽撰。收在方正學先生遜志齋集二十四卷外紀，參考清趙聲浦刊本。

一二、方希學傳・赤城新志・修史私錄：收在方正學先生遜志齋集二十四卷外紀，參考清趙聲浦刊本。

一三、故愚庵公方先生墓版文：宋濂撰。收在遜志齋集附錄，參考資料同三㈡㈢。又四庫全書總一二二四冊，宋學全集卷二十四（三〇二）。

一四、送門生方孝孺還鄉詩・送方生還天台詩：宋濂撰。收在遜志齋集附錄，參考資料同三㈡㈢。又四庫全書總一二二四冊，宋學士全集卷三十一（五三九）。

一五、新校明通鑑：清夏燮編輯。收在中國學術名著第五輯通鑑彙編，世界書局，六七年五月再版。

一六、明史紀事本末卷一四至卷一八（一三三一二九）：谷應泰撰。世界書局，六七年五月再版。
一七、中華通史第十册第七篇第五章（一二四一一四〇）・第九册第七篇第一章（九三一一〇二）：陳致平撰。黎明書局，六九年十二月。
一八、明代史第二編第三、四章（九一一三六）：孟森撰。國立編譯館，六八年十二月三版。
一九、歷代人物年里碑綜表（四〇三）：姜亮夫編。華世出版，六五年十二月台一版。
二〇、中國歷史大事年表：華世出版，七五年三月初版。
二一、二十五史（明史三三二卷）：清張廷玉等撰，鼎文書局。（頁次、卷次皆以此書爲準）

參考書目

一、遜志齋集的版本

臺灣公藏善本書目書名索引　中央圖書館，六十年六月。

遜志齋集二十四卷・明方孝孺撰：

1. 明正德十五年顧璘等刊本二部。
2. 明嘉靖二十年蜀藩刊本。
3. 明嘉靖四十年范惟一刊本。
4. 明萬曆四十年丁賓等校刊本二部，附外紀二卷。
5. 清文淵閣四庫全書本。

臺灣公藏善本書目人名索引　中央圖書館，六十一年八月。

明方孝孺：

1. 宋學士續文粹十卷，附錄一卷，明建文間浦陽鄭氏義門書塾刊本。
2. 李卓吾評選方正學文集十一卷，附錄一卷，明刊本，三異人文集之一。

3.宗儀一卷　明萬曆刊本，由醇錄之一。

4.遜志齋集二十四卷，附錄一卷：

(1)明正德十五年顧璘等刊本。

(2)明嘉靖二十年蜀藩刊本。

(3)明嘉靖四十年范惟一刊本。

(4)明萬曆四十年丁賓等刊本。

(5)日本影鈔明丁賓等刊本。

(6)清文淵閣四庫全書本。

臺灣公藏普通本線裝書目人名索引　中央圖書館，六十九年一月。

明方孝孺遜志齋集二十四卷：

1.民間涵芬樓影印本。

2.清同治十二年浙江刊本，附辯證、年譜，共十六册。

國立臺灣大學普通本線裝書　國立臺灣大學，六十年十二月。

明方孝孺遜志齋集二十四卷：

1.清同治十二年浙江刊本，附辯證、年譜，共十六册。

2.清趙聲浦刊本，附辯正、年譜、拾補、外紀，共十册。

3.清康熙三十七年補刊本，附年譜一卷，共三十册。

叢書子目類編　文史哲出版社，七十五年六月。

1.遜志齋集二十四卷，四庫全書集部別集類。

2.方正學先生遜志齋集二十四卷，四部備要集部明別集。

3.遜志齋集二十四卷，附錄一卷，四部叢刊集部。

4.遜志齋集二十二卷，乾坤正氣集。

5.方正學先生文集七卷，叢書集成初編文學類。

6.方正學集一卷，廣理學備考第一函。

7.李卓吾評選方正學文集十一卷，三異人文集。

8.方正學先生集選十三卷，明八大家集。

北京圖書館古籍善本書目　中央圖書館漢學資料中心。

1.遜志齋集三十卷，明成化十六年郭紳刻本，盛昱、楊晨跋，共十册。

2.遜志齋集二十四卷：

(1)明正德十五年顧璘刻本，附錄一卷。

(2)明嘉靖四十年王可大刻本，附錄一卷。

(3)李卓吾評選方正學文集十一卷，首卷，明刊本，共八册。

遜志齋集二十四卷　明方孝孺撰，商務印書館。

1.民國二十五年，據明刊本印二册精裝本。

2.民國二十四年，據明刊本印四部叢刊初編，第八十二册。

3.民國五十七年，國學基本叢書四百種。

4.民國六十八年，據上海涵芬樓景印宋刊本印大本原式四部叢刊正編，第七十四册。

5.民國七十二年，景印文淵閣四庫全書，第一二三五册。

遜志齋集二十四卷　明方孝孺撰，臺灣中華書局。

1.民國五十四年，據明刻本印四部備要，第五一八、五一九册。

2.民國五十五年，印兩册刊行。

明方孝孺書默庵記　方孝孺撰，國立故宮博物院，五十七年。

媚秋堂名人書畫　王雲五編明方孝孺等書畫，商務印書館，六十三年。

筆記小說大觀六編・侯城雜誡一卷（第五册）　方孝孺撰，新興書局，六十四年。

方正學文粹六卷　明方孝孺撰，村瀨誨輔編，和刻本漢籍文集第十一輯，古典研究會汲古發行社，六十六年。

二、徵引書目

二十二史劄記　清趙翼撰，杜維運考證，鼎文書局，六十四年三月。

十三經注疏　清阮元校刊本，藝文印書館，六十八年三月。
元史　明宋濂等撰，鼎文書局，六十六年。
元代金華學述　孫克寬撰，臺中東海大學，六十四年。
文心雕龍校釋　梁劉勰撰，劉永濟校釋，華正書局，七十年十月。
文心雕龍研究　王更生撰，文史哲出版社，六十八年五月。
文心雕龍註　梁劉勰撰，黃叔琳校本，明倫出版社，六十年十月。
文學概論　洪炎秋撰，文化大學出版，七十四年十二月。
文憲集（宋學士全集）宋濂撰，商務景印文淵閣四庫全書總一二二三册、一二二四册，七十二年。
文藝心理學　朱光潛撰，漢京文化事業公司，七十三年三月。
方孝孺政治思想　陳雪玉撰，輔仁大學碩士論文，七十八年六月。
王忠文集　王褘撰，商務景印文淵閣四庫全書總一八一册，七十二年。
中國小說發達史　譚正璧撰，啓業書局，六十七年九月。
中國文化概論　李蕚撰，文化大學出版，七十年一月。
中國文學批評史　劉大杰撰，上海古籍出版社，七十四年。
中國文學批評史　郭紹虞撰，盤庚出版社，六十七年九月。
中國文學批評史　羅根澤撰，學海出版社，六十七年九月。

中國文學史　葉慶炳撰，廣文書局，六十二年七月。
中國文學史初稿　王忠林等合著，福記文化圖書公司，七十四年五月。
中國文學發展史　劉大杰撰，華正書局，六十六年五月。
中國文學理論　劉若愚撰，杜國清譯，聯經出版社，七十四年八月。
中國思想史　錢穆撰，學生書局，七十七年十月。
中國思想史論集　徐復觀撰，學生書局，七十七年二月。
中國社會思想史　楊懋春撰，幼獅文化出版社，七十五年五月。
中國政治思想史　蕭公權撰，中華文化出版委員會，四十三年八月。
中國政治思想史　薩孟武撰，三民書局，七十三年。
中國政治思想史　陶希聖撰，全民出版社，四十三年一月。
中國哲學史　勞思光撰，三民書局，七十年一月。
中國哲學史話　張起鈞、吳怡撰，新天地書局，六十二年九月。
中國哲學發展史　吳怡撰，三民書局，七十七年四月。
中國學術思想史論叢　錢穆撰，東大圖書公司，六十七年十一月。
中國通史論文選輯　韓復智撰，東昇出版公司，七十一年十月。
中國史學上之正統論　饒宗頤撰，宗青圖書公司，六十八年。

中國歷史圖說（第十册） 梁嘉彬編撰，世新出版社，七十三年十月。
中國歷史大事年表 華世編輯部，華世出版社，七十五年三月。
四書讀本 謝冰瑩等編譯，三民書局，五十九年五月。
史學評論第五期（朱子思想研究專號） 史學評論社，華世出版社，七十二年元月。
史學評論第九期（中國思想史研究專號） 史學評論社，華世出版社，七十四年元月。
古典文學（一至七集） 中國古典文學研究會主編，學生書局，六十八年至七十四年。
古典文學論探索 王夢鷗撰，正中書局，七十三年二月。
江西詩社宗派研究 龔鵬程撰，文史哲出版社，七十二年十月。
宋元學案 黃宗羲撰，臺灣中華書局（四部備要），五十四年。
明史 清張廷玉等撰，鼎文書局，六十四年。
明史記事本末 清谷應泰撰，三民書局，五十二年。
明史研究中文報刊論文專著 吳智和撰，作者自編（油印本），六十五年六月。
明太祖文集 朱元璋撰，商務景印文淵閣四庫全書總一二二三册，七十二年。
明代史 孟森撰，國立編印館，六十八年十二月。
明代文學 錢基博撰，商務印書館，七十三年四月。
明代思想史 容肇祖撰，開明書局，六十七年十月。

明代政治思想　王雲五編，商務印書館，五十八年九月。

明本紀校注、奉天靖難記注、明靖難史事考證稿合集　王崇武撰，臺聯國風出版社，六十四年十一月。

明書　清傅維鱗撰，華正書局，六十三年十月。

明清史研究叢稿　黃彰健撰，商務印書館，六十九年九月。

明清教學思想　王雲五編，商務印書館，六十年五月。

明清小說講話　吳雙翼撰，河洛出版社，六十二年十二月。

明清文學批評　張健撰，國家出版社，七十二年一月。

明朝通俗演義　蔡東帆撰，世華文化社，六十九年三月。

明儒學案　黃宗義撰，商務印書館景印文淵閣四庫全書總四五七册，七十二年。

春秋繁露　董仲舒撰，商務景印文淵閣四庫全書總一八一册，七十二年。

建文遜國臣記　明鄭曉撰，商務印書館，六十三年。

草木子　葉子奇撰，商務景印文淵閣四庫全書總八六六册，七十二年。

國榷　清談遷撰，鼎文書局，六十七年七月。

董仲舒與西漢學術　李威熊撰，文史哲出版社，六十七年六月。

新書　賈誼撰，商務景印文淵閣四庫全書總六九五册，七十二年。

新校明通鑑　清夏燮撰，世界書局，六十七年五月。

誠意伯文集　劉基撰，商務景印文淵閣四庫全書總一二二五册，七十二年。
論語的人格世界　曾昭旭撰，尚友出版社，七十一年二月。
歷代人物年里碑傳綜表　姜亮夫撰，華世出版社，六十五年十二月。
歷代名作家傳　陳春城撰，河畔出版社，七十一年二月。
結埼亭集　全祖望撰，商務據上海涵芬樓景印宋刊本印大本原式四部叢刊第八六五册，六十八年。
龍門子凝道記　宋濂撰，新文豐書局（叢書集成新編第二十一册），七十四年。

三、徵引期刊或學報論文

明代建文帝在傳統皇位上的問題　吳緝華撰，大陸雜誌第十九卷第一期。（收入明代制度史論叢（三四九～三六三），作者自印，六十年二月初版）。
方孝孺的政治學說　沈剛伯撰，大陸雜誌第二十二卷第五期（一～六），二十年三月十五日。
書明史方正學先生傳後　李洣撰，文瀾學報第三卷第一期，二十六年。
讀明初開國諸臣詩文集　錢穆撰，新亞學報，五十三年八月。
明代鄉賢小識　高越天撰，浙江月刊第二卷第二期（十～十一），五十九年一月。
一代孤忠方孝孺　景唐撰，浙江月刊第三卷第四期（二十～二十二），六十年四月。
行端學篤的方孝孺　邢志良撰，中央月刊第五卷第三期（一九一～一九三），六十二年一月。
明代浙籍忠節名臣遺墨及簡歷　於鳳園撰，浙江月刊第五卷第六期（十六～二十），六十二年六月。

守正不阿的我浙先儒方孝孺　袁建祿撰，浙江月刊第七卷第十一期（九），六十四年十一月。

明方孝孺後人在禹縣　王燦藜撰，中原文獻第九卷第三期（十一～十二），六十六年三月。

方孝孺先生故里遺跡散記　葛成朴撰，浙江月刊第九卷第十二期（二十七～二十八），六十六年十二月。

方孝孺的生平事蹟和政治思想　邱德修撰，中華文化復興月刊第十一卷第八期（六十～六十八），六十七年八月。

「靖難之役」前的燕王朱棣　商傳撰，中國社會科學研究院學報，六十八年試刊。

「靖難之役」及其對明代專制主義中央集權的影響　郭厚安撰，西北師範學院學報，七十一年第一期。

朱元璋教子　周洪宇撰，四川師範學院學報，七十一年第一期。

奪國後的明成祖與諸藩王關係考　張奕善撰，國立臺灣大學文史哲學報第三十一期（四十二），七十一年十二月。

初明學術風氣之分析　程運撰，中華文化復興月刊第四卷第三期（九～十三），七十二年三月。

略論明成祖的歷史地位　張華撰，南京大學學報，七十二年第三期。

方孝孺的文學觀　龔顯宗撰，木鐸月刊第十期（一八九～二〇四），七十三年六月。

方孝孺死節及其學術思想　戴樸庵撰，浙江月刊第十六卷第七期（二十一～二十二），七十三年七月。

宋明理學道德教育思想散論　郭齊家撰，北大師範大學學報，七十三年第三期。

建文元年要祿　孫正容撰，浙江師範大學學報，七十四年第四期。
論「靖難之役」　單錦珩撰，浙江師範大學學報，七十四年第四期。
明惠帝的用人與政策　朱鴻撰，臺灣師範大學歷史學報第十三期，七十四年六月。
論朱元璋興孝以行養老之政　周桂林撰，河南大學學報，七十七年第四期。
論宋明理學的二重性　賈順先撰，四川大學學報，七十七年第一期。
論明前期文學升降盛衰原因　吳志達撰，武漢大學學報，七十七年第五期。
「讀書種子」方孝孺　王世華撰，國文天地第五卷第五期，七十八年十月。